APERÇU

SUR LES

HIÉROGLYPHES

D'ÉGYPTE

ET LES PROGRÈS FAITS JUSQU'A PRÉSENT DANS LEUR DÉCHIFFREMENT;

PAR M. BROWN.

TRADUIT DE L'ANGLAIS.

AVEC UNE PLANCHE REPRÉSENTANT LES ALPHABETS ÉGYPTIENS.

PARIS.

PONTHIEU ET COMPAGNIE, PALAIS-ROYAL.

LEIPZIG. — MÊME MAISON.

1827.

APERÇU

SUR LES

HIÉROGLYPHES D'ÉGYPTE

ET LES PROGRÈS FAITS JUSQU'A PRÉSENT

DANS LEUR DÉCHIFFREMENT.

LE NORMANT FILS, IMPRIMEUR DU ROI,
rue de Seine, n° 8.

APERÇU

SUR LES

HIÉROGLYPHES

D'ÉGYPTE

ET LES PROGRÈS FAITS JUSQU'A PRÉSENT DANS LEUR DÉCHIFFREMENT;

PAR M. BROWN.

TRADUIT DE L'ANGLAIS.

AVEC UNE PLANCHE REPRÉSENTANT LES ALPHABETS ÉGYPTIENS.

PARIS.

PONTHIEU ET COMPAGNIE, PALAIS-ROYAL.

LEIPZIG. — MÊME MAISON.

1827.

AVERTISSEMENT.

Les nombreux ouvrages relatifs aux antiquités égyptiennes, publiés depuis quelques années en Angleterre, en France et en Allemagne, sont mal connus du public. Les journaux de France ont été remplis d'annonces emphatiques et d'assertions exagérées au sujet de quelques ouvrages imprimés à Paris ; mais on a gardé le plus profond silence sur l'importance et l'antériorité des travaux entrepris en Angleterre sur les mêmes matières ; on a su également dissimuler l'existence et en tirer parti. Certaines personnes sont venues à bout de faire considérer ces manœuvres comme conformes à l'intérêt national, jugeant apparemment que l'intérêt national commande de revendiquer ce qui ne nous appartient pas, sans nous embarrasser de la justice ni de la vérité, et que la vanité de quelques individus doit servir de règle à la manière de voir de toute une na-

tion. D'un autre côté, des analyses complaisantes,
faites par des personnes étrangères aux études de ce
genre, et évidemment rédigées sous la direction des
intéressés, ont contribué à répandre dans le public
une multitude d'idées fausses et propres à induire en
erreur les personnes peu familiarisées avec les antiquités égyptiennes, et disposées à admettre avec
facilité ce qu'on leur débitoit avec assurance. A
les en croire, les cinq dernières années auroient
vu, « non pas seulement soulever, mais *tout-à-fait*
» déchirer *une partie* du voile qui couvroit l'an-
» tique Égypte. »

Bien des gens s'imaginent que désormais on
pourra, sans aucune difficulté, se mettre en état
de lire, d'interpréter et d'expliquer toutes les
inscriptions hiéroglyphiques. Comment en douter,
en effet, quand on voit insérer dans certains
journaux de prétendues traductions, qui ne
pourroient soutenir la plus légère discussion?
Mais comme personne ne descend jusqu'à en entreprendre l'examen, ces audacieuses suppositions
ont un plein succès, et elles contribuent tous les
jours à tromper le public sur le véritable état de
la question.

Pour accréditer ainsi tout un système, il suffit
d'assiéger les journaux quotidiens, d'accaparer les

Revues et les *Bulletins ;* et, dans cette circonstance, le *Journal des Savans* lui-même, ordinairement si grave et si consciencieux, a vu sa religion surprise dans la personne de l'un de ses rédacteurs les plus consciencieux et les plus graves. De là cet article bénévole qui a été reproduit en tous lieux et répandu avec profusion, parce qu'il accordoit sans discussion tout ce que demande l'amour-propre, et supposoit prouvé tout ce qui est en question.

M. Brown a inséré, dans la *Revue d'Edimbourg* (n° 89, 1826; et n° 90, 1822) une analyse très-détaillée des ouvrages qui ont été publiés dans ces derniers temps sur les écritures et les antiquités égytiennes. On y trouve ce qui manque à toutes les notices publiées en France, une discussion forte, éclairée et impartiale. Les droits légitimes de chacun y sont exposés et justement appréciés. On y donne tous les développemens nécessaires pour mettre le lecteur en état de juger pleinement les prétentions des auteurs et le mérite de leurs travaux.

On a pensé qu'il seroit utile de publier une traduction complète de cet excellent morceau de critique littéraire; il est tout-à-fait propre à rectifier et à assurer l'opinion publique sur ces matières difficiles.

D'autres personnes, dans des vues différentes, en ont, à ce qu'il paroît, jugé de même, car elles se sont empressées d'en donner une traduction, qui a été insérée dans le 22ᵉ Numéro (avril 1827) de la *Revue Britannique*, qui se publie à Paris. Cette traduction, qu'on fait passer pour complète, représente à peu près la moitié de l'original. On a eu soin d'en retrancher plusieurs passages importans, et on y a ajouté des notes dont il est facile de reconnoître la source. Ces suppressions et ces additions n'ont évidemment d'autre but, que de faire prendre le change au plus grand nombre des lecteurs, sur la nature et la véritable importance de cet article, et d'accréditer davantage les erreurs répandues en France sur les *premières tentatives* faites pour déchiffrer les hiéroglyphes égyptiens.

L'article de la *Revue d'Édimbourg*, rétabli dans son intégrité, suffira pour détruire toutes les allégations inexactes qui ont été répandues à ce sujet. Le ton de modération et d'impartialité, et la simplicité qu'on y remarque d'un bout à l'autre, doivent inspirer une entière confiance dans des jugemens, dont il est d'ailleurs très-facile de vérifier l'exactitude.

L'auteur anglais a cru ne pas devoir parler de la découverte des *hiéroglyphes acrologiques* annoncés par le *chevalier Goulianoff*, découverte que nous ne connoissons, en effet, que par la lettre adressée par M. Klaproth à ce savant. Le ton ironique qui règne dans cet écrit nous fait croire que l'auteur a plutôt voulu plaisanter son correspondant, que montrer une franche adhésion à ce système burlesque, qui ne repose que sur les explications hiéroglyphiques données par Horus Apollon, tandis que jusqu'à présent on n'a rien découvert sur les monumens qui en constate la réalité, ou qui ressemble à une *acrologie*. Que penser d'ailleurs d'un système d'écriture d'après lequel on pourrait désigner un *dieu* par un *diable*, et exprimer l'idée de *nature* par un *nain*, un *nez*, ou une *nèfle*?

Versailles, ce 10 juillet 1827.

L. J. D....n.

POST-SCRIPTUM.

Dans le moment où nous mettons cet avertissement sous presse, nous trouvons dans le journal littéraire intitulé le *Globe* (tom. V, n° 41, du 7 juillet), une première *Lettre sur l'interprétation des écritures égyptiennes et sur ses résultats pour l'histoire*. Cette lettre est signée *H. Rossellini*. On y reconnoît aisément l'intention de rehausser le mérite de M. Champollion, en diminuant celui du Docteur Young. L'auteur dit en parlant de ce dernier : « que quoi- » qu'il eût essayé d'analyser syllabiquement les « deux noms propres *Ptolémée* et *Bérénice*, il ne » démêla pas le principe alphabétique qui est, en » quelque sorte, l'âme des trois espèces d'écritures » égyptiennes. » — M. Rossellini oublie que sans cette même découverte du docteur Young, M. Champollion n'en seroit vraisemblablement jamais venu à penser, qu'un certain nombre d'hiéroglyphes pouvoient être employés *phonétiquement*.

Il existe un ouvrage in-folio, de M. Champollion, peu connu et intitulé : *De l'Écriture hiératique des anciens Égyptiens*, » (*Explication des planches*); imprimé à Grenoble en 1821 ; ainsi seulement *un*

an avant la publication de sa *Lettre à M. Dacier.*
L'auteur a fait tout son possible pour soustraire cet
ouvrage in-folio aux yeux du public, en retirant du
commerce et des mains de ses amis le peu d'exemplaires qu'il avoit d'abord répandus. La raison qu'on
a mise en avant étoit : « *la crainte de blesser les*
» *scrupules de quelques personnes pieuses;* » mais il
ne se trouve dans ce livre absolument rien qui ait
trait à la haute antiquité de l'Empire des Pharaons,
et il est permis de penser que le véritable motif qui
a déterminé M. Champollion de supprimer ce livre,
a été, de ne pas donner une mesure trop précise des
progrès qu'il avoit faits, en 1821, un an avant sa fa-
meuse lettre à M. Dacier. Cette mesure existe dans
la phrase suivante :

« QUE LES SIGNES HIÉROGLYPHES SONT DES SIGNES DE
CHOSES ET NON DES SIGNES DE SONS. »

phrase qu'il oppose aux membres de la Commission
d'Égypte et à d'autres savans, qui avoient reconnu
que l'écriture des manuscrits hiératiques étoit alphabétique; c'est-à-dire, qu'elle se composoit de
signes destinés à rappeller les sons de la langue
parlée.

« Une *longue étude,* ajoute M. Champollion, et
surtout une comparaison attentive des textes *hiéroglyphiques,* avec ceux de la seconde espèce (*les hiéra-*

tiques), regardée comme *alphabétiques*, nous ont conduit à une conclusion contraire. »

Certes, celui qui, depuis dix ans, avoit travaillé sur les hiéroglyphes sans les déchiffrer, et qui faisoit en 1821, imprimer l'axiome précité, et le corroboroit par la dernière phrase, avoit grand besoin d'être guidé dans ses nouvelles recherches de 1822, par les découvertes de M. Young, publiées en 1819, dans le *Supplément de l'Encyclopédie Britannique*, lequel peut bien avoir mis dix-huit mois ou deux ans pour arriver à Grenoble.

On ne doit donc plus douter, que la prétendue découverte de M. Champollion, ne soit entée sur celle du docteur Young, auquel appartient le mérite d'avoir le premier démontré qu'on s'est servi, en Égypte, de signes hiéroglyphes, pour exprimer les sons des noms propres. Disputer à ce savant la priorité de cette découverte, seroit aussi absurde, que de vouloir soutenir, que celui qui le premier mêla du salpêtre avec du soufre et du charbon, n'a pas été l'inventeur de la poudre, mais bien celui qui s'est servi pour la première fois de ce mélange comme moteur pour les projectiles.

APERÇU

SUR LES

HIÉROGLYPHES D'ÉGYPTE

ET LES PROGRÈS FAITS JUSQU'A CE JOUR

DANS LEUR DÉCHIFFREMENT.

LES ruines de l'Égypte offrent à l'antiquaire et à l'historien une source d'intérêt inépuisable. Malgré les dénégations des sceptiques, le pays des Pharaons fut incontestablement le berceau des arts et des sciences, et le flambeau du vieux monde. Le sol de la Grèce et de l'Italie étoit encore couvert de ses forêts primitives, et peuplé de bêtes sauvages, ou d'hommes non moins barbares qu'elles, et déjà la vallée du Nil possédoit des habitans qui avoient bâti des temples en l'honneur de leurs dieux, et dressé des colonnes destinées à transmettre les noms de leurs rois. Cette haute antiquité n'est point établie sur des chronologies douteuses, ou sur de doctes et vagues spéculations; elle repose sur des faits qu'aucune controverse ne sauroit détruire.

Dès l'époque même de Moïse, l'Égypte florissante par ses lois, ses institutions, la variété de ses connoissances, aussi bien que par sa force politique, paroît avoir atteint ce période de perfectionnement dans lequel les nations en général demeurent plus ou moins de temps stationnaires. Toutes les inductions que fournit l'histoire sacrée nous

montrent le peuple égyptien comme jouissant à un haut
degré des avantages résultant des formes politiques et
religieuses qui leur étoient particulières. Dans cet âge re-
culé, la science des Égyptiens étoit passée en proverbe ; et
il est très-vraisemblable que le célèbre législateur des
Juifs fit passer dans son code une partie de la sagesse que
lui avoit enseignée la tradition ou son étude personnelle
dans le pays de sa naissance et de son éducation.

A dater de l'ère de Moïse, l'Égypte se lie aux plus anciens souvenirs, ainsi qu'aux premières annales écrites
de la race humaine. Cependant, jusqu'à sa conquête par
les Perses, époque où cessèrent sa gloire et son indépen-
dance, c'est-à-dire pendant le long intervalle de dix
siècles, les auteurs anciens ne nous fournissent que des
notions imparfaites et peu satisfaisantes sur la situation et
le gouvernement de la patrie des Pharaons. Il est cependant avéré que, soit avant soit après l'invasion des Perses,
les Grecs, malgré la sévérité avec laquelle ils ont souvent
jugé les ministres de la religion, alors seuls dépositaires
des connoissances humaines, les Grecs étoient dans l'ha-
bitude de voyager en Égypte pour s'y faire initier aux lois,
aux coutumes et aux sciences de cette contrée ; à mesure que
les principes de la civilisation s'enracinoient davantage dans
le sol fortuné de la Grèce, ses habitans n'en étoient que
plus assidus dans les excursions qu'ils faisoient vers l'antique dépôt où ils avoient déjà puisé, et où ils rencontroient
toujours des encouragemens et des ressources nouvelles.
Thalès, Pythagore, Platon et d'autres acquirent en Égypte
les élémens de la science qu'ils enseignèrent eux-mêmes ;
et jusqu'aux rudimens de l'art grec, jusqu'aux modèles
de ces belles formes qui, perfectionnées, s'élevèrent, jusqu'à l'idéal, c'étoit sur les rives du Nil qu'ils avoient
pris naissance. Les Perses conduits par Cambyse avoient,
il est vrai, renversé les temples et les monumens consa-
crés au culte des divinités ; dans leur fureur contre l'idolâ-

trie, ils avoient ravagé le pays et l'avoient inondé de sang ;
mais il n'avoit pas été en leur puissance de faire disparoître les colosses contre lesquels s'étoit exercée la rage
de ces iconoclastes, ni de détruire des arts et des sciences
qu'ils étoient incapables d'apprécier. Aussi quand les révo-
lutions d'une seconde conquête eurent placé sur le trône
des Pharaons des rois d'une origine grecque, l'Égypte,
sous leur domination éclairée, recouvra une partie de son
ancienne splendeur ; on examina d'un œil attentif et scru-
tateur les trésors cachés dans ce berceau de l'antique civilisation ; et lorsqu'enfin le caprice du sort eut soumis
cette contrée au joug d'une troisième conquête, et l'eut
fait descendre au rang d'une province romaine, les maîtres
du Monde vinrent à leur tour disposer des dernières richesses que possédoit encore la savante et sérieuse Égypte.

Pour connoître à fond les institutions, les arts et la littérature de cette région remarquable, il falloit donc con-
sulter les Grecs qui s'étoient approprié une partie de la
science, et les Romains qui avoient enlevé un grand
nombre de ses anciens monumens : les deux nations
avoient tour à tour exercé leur ascendant sur l'Égypte.
Quant aux institutions et aux arts, les demandes que nous
leur adresserons ne resteront pas sans réponse. Hérodote
a consacré une portion considérable de son inestimable
ouvrage, à retracer les lois, les usages, les mœurs et la
topographie de l'Égypte, qu'il avait étudiée sur les lieux
avec un soin et une exactitude au-dessus de toute critique.
On peut recueillir aussi d'intéressans détails dans les livres
de Diodore, de Strabon et des derniers écrivains de Rome.
Les mêmes autorités peuvent nous guider dans l'étude
des arts égyptiens, qui subsistent encore dans ces struc-
tures gigantesques dont la masse a bravé le cours de trente
siècles et les déprédations de cinq conquêtes ; sans leur
secours, l'inspection de ces monumens resteroit pour
nous stérile et ininstructive.

Mais sur le point le plus important de tous, ces auteurs ne nous ont laissé que des documens peu nombreux, et à vrai dire, jusqu'à ce jour à peu près inintelligibles; je veux parler de la littérature de l'ancienne Égypte, y compris la manière d'écrire usitée dans ce pays. C'est sans contredit une déplorable omission, qu'il est difficile d'expliquer, et qui ne sauroit admettre d'excuse. Notre étonnement à cet égard ne sera que foiblement atténué, si nous considérons qu'en Egypte la sculpture et la peinture étoient subordonnées à l'art d'écrire, dont elles n'étoient au fond que des ramifications. Les monumens dont ce pays étoit enrichi, portoit tous pour ornemens à l'extérieur, des sculptures; dans l'intérieur, des peintures destinées à représenter les idées ou les sons du langage usuel, et quelquefois tous les deux ensemble. Il semble que ce phénomène étoit fait pour éveiller la curiosité la moins exigeante, et susciter au plus haut point l'esprit de recherches. Quel sujet plus intéressant à approfondir que le langage et la littérature d'une nation grande et éclairée, surtout lorsque des monumens éternels avoient été chargés d'en perpétuer le souvenir? Les auteurs classiques furent-ils aveuglés par un orgueil national qui les portoit à dédaigner des langages qu'ils regardoient comme barbares, manquoient-ils du talent philologique nécessaire? Toujours est-il certain que leurs renseignemens n'offrent qu'une vague généralité, et qu'ils seroient restés inintelligibles pour nous, sans les découvertes récentes qui sont venues nous éclairer. L'apologie que ces écrivains présentent de leur ignorance, semble la rendre plus inexcusable : ils disent que l'Égypte ayant été la mère des sciences et des arts, les inscriptions hiéroglyphiques contenoient le sommaire des mystères les plus importans de la nature, et des plus sublimes inventions des hommes; mais que l'interprétation de ces caractères avoit été soigneusement cachée au vulgaire par les prêtres, qui

eux-mêmes en avoient insensiblement négligé la connoissance, au point de l'oublier et de la perdre entièrement.
On ajoute même, mais sans preuve authentique, que le
premier des Césars offrit inutilement une récompense à
celui qui déchiffreroit l'inscription gravée sur un obélisque récemment apporté de l'Égypte dans la capitale de
l'empire romain.

Quoi qu'il en soit, il étoit réservé à un Père de l'Église de
rendre le premier un compte exact des différentes méthodes
employées par les Égyptiens dans leur écriture. Son expo-
sition est si claire, si précise, qu'elle sert de clef aux passages obscurs qui se rencontrent dans les auteurs classiques,
et qu'elle s'accorde admirablement avec le résultat des
brillantes découvertes dont nous allons entretenir nos lecteurs. Avant d'exposer les progrès qu'a faits de nos jours
l'art d'expliquer les monumens sacrés, jetons un coup
d'œil sur les renseignemens vraiment intelligbles que nous
fournissent les auteurs anciens ; présentons l'état des opinions existantes parmi les savans modernes, avant l'é-
poque où le docteur Young et M. Champollion ont entrepris leurs intéressans travaux.

Dans l'enfance des arts, les hommes employoient des
images figuratives, ou des portraits, pour représenter
les objets individuels et instruire de quelque événement
ceux qui n'en avoient pas été les témoins. Ainsi les Mexicains indiquèrent l'arrivée des Espagnols par le dessin
grossier d'un vaisseau et d'un homme remarquable par les
particularités de l'habillement européen. Mais ces pures
images mimiques, incapables de donner aucune idée du
temps, ni d'autres qualités abstraites, ne pouvoient exposer les événemens, et en donner communication que d'une
manière très-imparfaite. Alors on fit choix de signes con-
ventionnels qui devoient servir de symboles des choses et
des pensées ; mais il fallut beaucoup de temps avant que
les hommes instruits pussent communiquer l'un avec

l'autre à l'aide des peintures symboliques; et jamais un tel
mode de communication ne pouvoit devenir facile. Probablement le peintre perfectionna d'abord ces signes en diminuant leur étendue, et en restreignant leur nombre : le
langage adressé à l'oreille l'aida à simplifier celui qui s'a-
dressoit aux yeux; mais dans la formation des langues,
l'homme procède invariablement de l'individu à la généralité ; il classifie les unités selon leurs espèces, il range les
qualifications dans des catégories spéciales. Ainsi, à mesure qu'il invente des mots pour exprimer ses idées, il
invente aussi des méthodes pour en diminuer le nombre ;
et comme le langage oral précède le discours écrit, les
formes et les figures de la parole enseignèrent à l'artiste
graphique à exprimer ses sentimens ainsi qu'à en abréger
les symboles. Il transforma les métaphores qu'il employoit
en parlant, en images pour former son écriture. Si en dis-
courant il avoit appelé lion un homme vigoureux, quand
il écrivoit, il ne manquoit pas de tracer la figure d'un lion
pour exprimer l'idée de la vigueur. Mais on sentit bientôt
l'inconvénient de dessiner l'image tout entière; la nécessité enseigna bientôt l'emploi de la synecdoche ; on prit
une partie pour le tout : ainsi les Mexicains représentoient
le lapin par sa tête, et le roseau par sa fleur. Par une
transition aussi naturelle, une action fut dépeinte par
une de ses circonstances indispensables ; et les Égyptiens désignaient le siége d'une ville par une échelle
qui sert aux escalades [1]. Ainsi les classifications qui ont
lieu dans toutes les langues, et surtout les tropes et les
figures qui abondent dans tous les dialectes employés par
les nations encore peu civilisées, durent faciliter beaucoup l'invention et l'intelligence des signes hiéroglyphiques [2].

1 Horus Apollo, *Hieroglyphica*, l. II.
2 *Origines*, l. IV, c. 9.

Mais, quels que fussent les talens du peintre graphique ou du sculpteur, leur méthode étoit essentiellement défectueuse, leurs symboles étoient exposés à n'être point compris, et la pratique de leur art se trouvoit restreinte à un petit nombre de personnes. Comme la nécessité est la mère des inventions, et qu'en général c'est un perfectionnement d'abréger et de simplifier, il paroît que les Égyptiens reconnurent de bonne heure les inconvéniens attachés à l'idiome hiéroglyphique; ils inventèrent bientôt une méthode plus simple et plus expéditive d'exprimer leurs pensées, en la rattachant aux sons de la langue parlée.

En conséquence, après avoir avancé que les Égyptiens, à l'opposé des Grecs, écrivoient de droite à gauche (ce que nous démontrerons n'être pas la vérité tout entière), Hérodote affirme qu'ils employoient deux sortes de caractères, l'une appelée sacrée (ἱρὰ), et l'autre populaire (δημοτικά); mais il ne dit rien qui nous autorise à croire [1] que ces caractères eussent entre eux rien de semblable. Diodore de Sicile s'énonce presque dans les mêmes termes qu'Hérodote; il ajoute cependant que les caractères populaires étoient enseignés à chacun, mais que les prêtres s'étoient exclusivement réservé la connoissance des caractères sacrés. [2] Ces renseignemens sont fort bornés; cependant ces deux écrivains qui avoient visité l'Égypte n'ont pas jugé à propos de nous instruire davantage sur un sujet si intéressant. Toutefois ces notions trop concises s'accordent parfaitement avec la pierre de Rosette que nous aurons souvent occasion de mentionner, et dont on ne pourroit soupçonner l'exactitude, puisqu'on y lit qu'elle fut

---

1 Διφασίοισι δὲ γράμμασι χρέωνται (Αἰγύπτιοι), καὶ τὰ μὲν αὐτῶν ἱρὰ, τὰ δὲ δημοτικὰ καλείται. II. 36.

2 Δίττων γὰρ Αἰγυπτίοις ὄντων γραμμάτων, τὰ μὲν δημώδη προσαγορευομενα παντας μανθάνειν, τὰ δ' ἱερα καλουμενα παρὰ μεν τοῖς Αἰγυπτίοις μονους γινώσκειν τους ἱερεις, κ. τ. λ. III, 3.

gravée sous l'inspection même des prêtres de l'Égypte.
Ce monument célèbre, conformément aux assertions des
deux auteurs précités, indique seulement deux espèces
de caractères, l'un appelé *enchorique* (ἐγχώρια γράμματα)
ou caractères du pays, qui sont évidemment les mêmes
que les caractères *démotiques* d'Hérodote et de Diodore,
et l'autre *sacré* (ἱερὰ). Mais malgré cette coïncidence, nous
n'avons encore rien appris sur la nature de ces caractères
sacrés, ou enchoriques, c'est-à-dire populaires. Nous devons donc recourir au passage célèbre de Clément d'Alexandrie, dans lequel ce savant expose, avec une précision
dont les découvertes récentes relèvent beaucoup le prix,
les différentes manières d'écrire employées par les adorateurs d'Isis et d'Osiris. Le passage en question offre des
difficultés, on l'a cité souvent, et souvent mal compris ou
mal interprété ; mais comme il sert de clef aux faits que
nous avons déjà rapportés, et que son exactitude sera de
plus en plus constatée, il est indispensable de le placer
tout entier sous les yeux des lecteurs. [1]

« Ceux qui parmi les Égyptiens reçoivent de l'instruc-
» tion, apprennent d'abord la manière d'écrire, nommée
» épistolographique ; secondement la hiératique, employée
» par les hiérogrammatistes ou scribes sacrés ; enfin l'hié-

---

[1] Ἀυτίκα οἱ παρ' Αἰγυπτίοις παιδευόμενοι, πρῶτον μὲν πάντων τὴν Αἰγυπτίων
γραμμάτων μέθοδον, ἐκμανθάνουσι, τὴν ἘΠΙΣΤΟΛΟΓΡΑΦΙΚΗΝ καλουμένην·
δεύτερον δὲ, τὴν ἹΕΡΑΤΙΚΗΝ, ᾗ χρῶνται οἱ ἱερογραμματεῖς· ὑστάτην δὲ καὶ
τελευταίαν ἹΕΡΟΓΛΥΦΙΚΗΝ, ἧς ἡ μέν ἐστι διὰ τῶν πρώτων στοιχείων κυριολο-
γική ; ἡ δὲ συμβολική. Τῆς δὲ συμβολικῆς ἡ μὲν κυριολογεῖται κατὰ μίμησιν, ἡ
δ' ὥσπερ τροπικῶς γράφεται, ἡ δὲ ἀντικρὺς ἀλληγορεῖται κατὰ τινας αἰνιγμούς.
Ἥλιον γοῦν γράψαι βουλόμενοι κύκλον ποιοῦσι, σελήνην δὲ σχῆμα μηνοειδὲς, κατὰ
τὸ κυριολογούμενον εἶδος· Τροπικῶς δὲ κατ' οἰκειότητα μετάγοντες καὶ μετατι-
θέντες, τὰ δ' ἐξαλλάττοντες, τὰ δὲ πολλαχῶς μετασχηματίζοντες χαράττουσιν.
Τοὺς γοῦν τῶν βασιλέων ἐπαίνους θεολογουμένοις μύθοις παραδίδοντες, ἀναγρά-
φουσι διὰ τῶν ἀναγλύφων. Τοῦ δὲ κατὰ τοὺς αἰνιγμοὺς τρίτου εἴδους δεῖγμα ἔστω
τόδε· τὰ μὲν γὰρ τῶν ἄλλων ἄστρων, διὰ τὴν πορείαν τὴν λοξὴν ὄφεων σώμασιν
ἀπείκαζον, τὸν δὲ Ἥλιον τῷ τοῦ κανθάρου, κ. τ. λ. Strom. V. 647. Potter.

» roglyphique, qui est la plus complète de toutes. » —
« Cette dernière est de deux sortes : l'unekuriologique,
» ou exprimant les objets proprement, sans figure ni mé-
» taphore, par le moyen des initiales des mots, c'est-à-dire
» par l'indication des premiers sons des mots employés
» dans le langage du pays, pour désigner ces objets ; l'autre
» est symbolique. La symbolique se partage en différentes
» branches : l'une représente les objets par la pure imi-
» tation ; une autre les exprime à l'aide des tropes (c'est-
» à-dire indirectement par la synecdoche, la métonymie
» ou la métaphore); la troisième les indique à l'aide de
» certaines énigmes allégoriques. Ainsi, d'après la mé-
» thode de présenter les objets en les imitant, les Égyp-
» tiens dessinoient un cercle quand ils vouloient désigner
» le soleil, un croissant quand ils vouloient désigner la
» lune. Dans la méthode qui est fondée sur les tropes, ils
» représentent les objets au moyen de certaines analogies
» qui deviennent l'expression de ces mêmes objets, quel-
» quefois ils ne font qu'en modifier la forme, et plus fré-
» quemment ils lui font subir une transformation com-
» plète. Ainsi quand ils transmettent les louanges de
» leurs rois dans leurs fables théologiques, ils ont recours
» aux anaglyphes (c'est-à-dire à des hiéroglyphes trans-
» posés ou transformés). Un exemple expliquera la troi-
» sième manière de l'écriture symbolique, qui est l'énig-
» matique : ils assimilent la révolution oblique des pla-
» nètes à des corps de serpens ; celle du soleil, ils la
» comparent au corps d'un scarabée, etc. »

Il est presque superflu de remarquer que la manière
d'écrire, nommée dans ce passage *épistolographique*, est
la même que Diodore et Hérodote appellent *démotique*,
et qui porte le nom d'*enchorique* sur l'inscription de Rosette. On ne doit pas non plus être embarrassé de ne point
trouver, dans ces deux auteurs, le terme d'*hiératique*
employé par Clément ; il n'est pas surprenant non plus

qu'ils n'aient point même fait usage du mot hiéroglyphique. Les caractères *sacrés*, dont parlent Hérodote et
Diodore, comprennent évidemment l'hiératique et l'hiéroglyphique, puisque tous deux étoient destinés à des
usages religieux : le premier, sur les manuscrits, le second, comme son nom seul l'indique, sur les monumens
que décoroit la sculpture. Nous croyons que tous les savans sont d'accord sur ce point, et nous ne le traiterons
pas plus longuement. Mais l'endroit le plus important et
le plus difficile de ce passage, est celui qui traite de la
méthode kuriologique (διὰ τῶν πρώτων στοιχείων). Un seul
fait autorise à conclure qu'il a rapport au système phonétique, ou à l'art de représenter les mots parlés ou des
sons ; c'est que toutes les autres variétés ou applications
de l'écriture tracée sont distinctement énumérées et
comme épuisées dans les membres suivans de la description : le symbolique, par la copie ou l'imitation directe ;
celui qui emploie les tropes, tels que la métaphore, la
similitude ; et l'énigmatique, qui a recours à des analogies plus obscures encore, et empruntées de très-
loin. Outre tous ces modes, il en reste encore un clairement et formellement énoncé, le kuriologique (διὰ τῶν
πρώτων στοιχείων), et celui-ci, selon nous, ne peut se
rapporter qu'aux sons articulés, c'est-à-dire aux paroles.
Sans doute l'expression est fortement elliptique et très-
obscure. Mais, à nos yeux, il est clair qu'elle signifie
quelqu'autre manière de transmettre ses idées, que celle
des prototypes ou des figures diversement employées;
les connoissances nouvellement acquises nous portent à
croire que ce moyen n'étoit que la représentation des
mots ou des accens de la parole. Observons que tous ceux
qui, dans ces derniers temps, ont cité le passage en
question, se sont à peu près accordés à traduire στοιχεῖα
par lettres, quoiqu'ils ne soient pas du même avis sur le
sens que l'on doit donner à ces mots si familiers τὰ πρῶτα.

Sir W. Drummond, dans ses *Origines* (vol. II, p. 284),
traduit ainsi : « Les premiers élémens, ou caractères de
l'alphabet » ; et M. Letronne, plus directement : « Les
premières lettres de l'alphabet. » Depuis, ce dernier a
rendu son interprétation un peu moins vague, en ajou-
tant ingénieusement que ces mots *les premières* avoient
été par lui employés pour désigner l'alphabet primitif de
seize lettres, importé en Grèce par Cadmus, alphabet
moins complet que celui dont les Grecs firent usage dans
des temps postérieurs.

Au reste, ces explications n'offrent jusqu'ici rien de
satisfaisant ; elles demeurent exposées à de puissantes
objections. D'abord, si στοιχεῖα, par lui-même, ne signifie
point caractères de l'alphabet, on ne conçoit pas aisément comment il obtiendra cette signification, en le fai-
sant précéder de ce terme si générique πρῶτα ; et s'il
porte ce sens par lui-même, il est clair que sir W. Drummond, dans sa paraphrase, ne tient aucun compte de
cette importante épithète, et la fait disparoître de sa version. Celle de M. Letronne, dégagée de son commen-
taire, ne fait pas avancer d'un pas dans l'intelligence de
l'auteur ; car, demanderons-nous, que doit-on entendre
par les premières lettres de l'alphabet ? et quelle signification ces lettres donneront-elles aux signes kuriologiques ?
La même remarque est applicable à l'hypothèse de l'alphabet de Cadmus : deux raisons, il nous semble, la rendent
inadmissible : 1° quand même on accorderoit que στοιχεῖα
signifiât lettres, il est inconcevable que par cette locution
« les premières lettres », un auteur qui n'a à s'occuper ni
des Grecs, ni de leur manière d'écrire, mais bien des variétés de l'écriture figurative des Égyptiens, ait pu vouloir
désigner l'imperfection de l'alphabet primitif de la Grèce ;
2° parce que si de telles peintures ou de tels signes furent
jamais employés pour désigner des mots ou des sons, il
est impossible de voir pourquoi ils n'auroient pas été em-

ployés aussi pour exprimer les mots ou les sons que ne
pouvoit pas rendre cet alphabet imparfait, aussi bien que
ceux qu'il étoit capable de rendre. Aucune de ces explications
ne nous paroît donc donner un sens clair et satisfaisant au
passage discuté. C'est pour cette raison que nous avons
hasardé dans notre traduction ci-dessus, d'avancer que sa
véritable signification est qu'une des manières d'écrire étoit
par des figures qui avoient rapport au son premier ou
initial des mots, c'est-à-dire par des figures qui faisoient
naître l'idée des sons, en représentant des objets familiers dont l'apellation dans le langage usité du pays commençoit par ces mêmes sons. Le mot στοιχεῖα ne signifie proprement qu'élémens ou parties intégrantes ; et quoique les
lettres soient, sans nul doute, les élémens des mots écrits
après l'invention de l'alphabet écrit, nous ne voyons pas
comment ce mot auroit pu être employé pour signifier
lettres dans un passage qui traite spécialement d'un état
de choses antérieur à leur invention, ou qui plutôt peut-
être trace les premiers pas qui conduisirent à cette découverte. Les premiers délinéateurs de l'écriture, en cherchant
pour la première fois à rendre les sons sensibles à l'œil,
et à rendre leur travail phonétique, ne pouvoient arriver
à ce but en se rapprochant d'un premier ou second
alphabet qui n'existoit pas encore, et dont à cette époque
même ils jetoient probablement les premiers fondemens.
Ils désiroient, suppose-t-on, d'exprimer des mots à l'aide
de dessins et des figures. Nous verrons, par une suite
d'exemples, qu'effectivement ils les exprimèrent en présentant aux regards une série d'objets visibles dont les apel-
lations par leurs voix initiales, enchaînées successivement,
formoient la suite des sons ou des mots dont ils avoient
besoin. Si tel fut le procédé qu'ils adoptèrent, et si le fait
étoit connu de Clément d'Alexandrie, comme il est très-
probable, nous ne doutons point de l'exactitude de la version que nous avons donnée. Nous croyons que par στοιχεῖα

il entendoit les élémens ou sons élémentaires des mots ; et par πρῶτα simplement leurs sons premiers ou initiaux, correspondant sans doute aux *lettres* initiales, lorsque les mots furent ensuite exprimés par des lettres. Mais on ne peut leur assigner le nom de lettres quand il s'agit de retracer les premiers délinéamens du caractère phonétique. Ceci recevra un plus grand développement ; toutefois, le tableau suivant expliquera plus clairement les différentes écritures égyptiennes mentionnées par les anciens, et les rapports qui existent entre elles.

Écriture égyptienne divisée par Hérodote, Diodore, et l'inscription de Rosette en deux espèces de caractères :

1. le POPULAIRE, nommé
- Démotique par Hérodote, et Démodique par Diodore.
- Euchorique, sur l'inscription de Rosette.
- Épistolographique, par Clément d'Alexandrie.

2. le SACRÉ, divisé par Clément d'Alexandrie, en
1. Hiératique, ou écriture sacerdotale.

2. Hiéroglyphique composé de
1. Kuriologique, par le moyen du son initial des mots.

2. Symbolique comprenant
1. le Kuriologique, par imitation.
2. le Tropique, contenant l'Anaglyphique.
3. l'Énigmatique.

Accoutumés à une manière d'écrire dont les signes ne représentoient que des sons, les auteurs grecs et romains qui avoient directement ou indirectement acquis quelques notions du système graphique des anciens Égyptiens, et en particulier de leur style monumental, paroissent avoir été frappés des caractères idéographiques ou figuratifs et symboliques qui s'y trouvoient mélangés : il paroît que ces signes, bien différens de ceux dont ils faisoient eux-mêmes usage, attirèrent exclusivement leur attention. Aussi nulle part ne mentionnent-ils un autre ordre de caractères ; nulle part ils ne constatent un fait qui devoit pour-

tant être à leur connoissance, c'est-à-dire que les Égyptiens
employoient aussi une certaine classe de signes purement
phonétiques ou représentant de simples sons. Clément
d'Alexandrie, lui-même, dans le célèbre passage cité
plus haut, décrit les hiéroglyphes d'une manière si con-
cise, l'indication qu'il en donne est tellement isolée et si
peu éclaircie, que sans l'aide des dernières découvertes il
seroit encore incompréhensible pour nous.

C'est à cette circonstance que nous devons particulièrement attribuer le peu de succès des modernes qui ont tenté
de déchiffrer les inscriptions hiéroglyphiques. Ne trou-
vant dans les auteurs classiques que l'indication des
signes symboliques, et des images des objets, les savans
des trois derniers siècles en ont uniformément conclu que
l'écriture hiéroglyphique n'étoit composée que de caractères dont chacun représentoit une idée tout entière.
Tous s'accordoient sur ce principe élémentaire ; et ce qui
sembloit en confirmer la vérité, c'est que les formes et la
valeur de certains hiéroglyphes avoient été expliquées par
Diodore de Sicile, Horus-Apollo, Plutarque, Clément d'A-
lexandrie et Eusèbe. Le nombre de ces symboles, comparé
avec l'immense variété de caractères qu'on observe sur les
monumens, étoit à la vérité fort petit, mais la sagacité
trop empressée des modernes suppléa bientôt à cette disette
de matériaux du premier âge. Persuadé que l'on étoit que
chaque hiéroglyphe représentoit une idée distincte, on
eut la prétention d'en extraire forcément le sens qui devoit
s'y trouver caché. On ne doutoit point que les plus pro-
fonds mystères de la nature et de l'art ne résidassent sous les
sculptures de ces anciens monumens ; on en regarda les caractères les plus simples comme des types d'idées trop rele-
vées pour l'intelligence du vulgaire, et dignes des archives
éternelles à qui l'on en avoit confié la conservation. Ainsi
l'imagination prit la place de la raison; les conjectures
tinrent lieu de faits, et les savans qui s'étoient livrés à

ces recherches se perdirent bientôt dans un labyrinthe
inextricable; trompés par leurs spéculations métaphysiques, comme les démons de Milton, ils ne trouvèrent
point de fond dans les abîmes où ils s'étoient aventurés.

Telle fut la méthode du Père KIRCHER, si toutefois on
peut donner le nom de méthode à la route qu'il a suivie.
Les six in-folio de cet infatigable auteur contiennent
quelques représentations des principaux monumens de
l'art égyptien, apportés en Europe avant lui, exécutées
avec assez de fidélité, mais dépourvues d'élégance. Selon
ses explications, qui ne manquèrent pas de succès, soit
qu'il entreprît l'interprétation d'une inscription par le
commencement ou par la fin, les hiéroglyphes des obélisques, des momies, des amulettes sont empreints de la
science cabalistique et des monstrueuses imaginations
d'un système raffiné de démonisme. Ainsi dans l'anneau
elliptique ou cartouche de l'obélisque pamphilien, qui contient simplement le titre ΑΟΤΚΡΤΡ (Αὐτοκράτωρ), *Empereur*,
exprimé en caractères phonétiques, Kircher [1] parvient à
découvrir l'oracle suivant : « L'auteur de la fécondité et
» de toute végétation est Osiris, qui a reçu des cieux la
» faculté génératrice par l'entremise du saint Mophta. »
Sur le cartouche du même obélisque, qui porte en caractères également phonétiques les mots ΚΗΣΡΣ ΤΜΤΙΑΝΣ ΣΒΣΤΣ
(Καῖσαρ Δομίτιανος Σέβαςτὸς), *César Domitien Auguste*, il ne
découvre pas moins [2] que cette phrase dont on nous dis-
pensera d'entreprendre la traduction : *Generationis bene-
ficus præses, cœlesti dominio quadripotens, aerem per
Mophta beneficum humorem aereum committit Ammoni
inferiora potentissimo, qui per simulacrum et cœremo-
nias appropriatas, trahitur ad potentiam exerendam.*

Malgré ces extravagances, Kircher fut le fondateur

1 Obeliscus Pamphilius, 557.
2 *Ibid*, 559.

d'une Ecole, et comme il arrive ordinairement, les élèves renchérirent sur l'absurdité de leur maître. Il semble même avoir conservé quelques admirateurs; pas plus tard qu'en 1821, il est sorti des presses de l'archevêché de Gènes une nouvelle version des hiéroglyphes de l'obélisque pamphilien, monument qui, d'après l'OEdipe de ces symboles, « conserve le souvenir d'une victoire sur les impies, » obtenue par les adorateurs de la trois fois Sainte-Trinité et du Verbe-Éternel, sous la domination des » sixième et septième rois d'Égypte, le sixième siècle » après le déluge. » La même autorité nous apprend que l'un de ces pieux monarques n'étoit autre que Sesac, le même qui, selon l'Ancien-Testament, pilla Jérusalem, et enleva les trésors du temple et du palais de David.

Les rêveries cabalistiques de Kircher ne purent en imposer à la raison forte et à la puissante intelligence de l'évêque WARBURTON. Dans son ouvrage célèbre sur la divinité de la légation de Moïse, ce savant prélat a discuté profondément les textes des auteurs anciens qui ont rapport à la manière d'écrire des Égyptiens. Il a distingué la théorie des différens caractères dont ils faisoient usage; il a observé que les hiéroglyphes, ou caractères sacrés, n'étoient pas ainsi nommés pour être appropriés exclusivement à des objets sacrés, mais qu'ils constituoient un véritable langage écrit, applicable aux besoins de l'histoire et de la vie commune, aussi bien qu'aux sujets religieux et mythologiques : les découvertes nouvelles ont confirmé son observation. Il s'est mépris quand il a cru que les trois sortes de caractères cités par Clément formoient chacun un système d'écriture séparé. Cependant, comme il s'est borné à adopter les conclusions générales qui sembloient se déduire des écrivains anciens, et qu'il n'a pas cherché à en faire une application directe aux monumens égyptiens que possédoit alors l'Europe, son erreur est légère, et elle ne sauroit diminuer le respect que lui mé-

rite la sagacité avec laquelle il a deviné une vérité tellement au-dessus de la portée d'un esprit ordinaire.

Si la profonde remarque de Warburton eût été suivie
dans ses conséquences, on eût peut-être résolu, cinquante
ans plus tôt, le problème des hiéroglyphes. Au lieu de
cela, les écrivains postérieurs, dominés par l'esprit de
Kircher et ne rêvant que symboles, n'ont fait que hasarder
des théories discordantes ou contradictoires. L'abbé Pluche
soutient que dans l'écriture des Égyptiens tout est emblème
astronomique, et ne se rapporte qu'à la division du temps
dans le calendrier. Ses adhérens, peu dégoûtés de l'inco-
hérence de ses explications, ont également rapporté à un
genre unique d'idée toutes les inscriptions qui se trouvent
dans les régions arrosées par le Nil. Pourtant l'auteur d'un
ouvrage publié à Paris en 1812, sous le titre : *De l'Étude
des Hiéroglyphes*, a suivi une marche différente. Il a cru
possible, à l'aide des traditions et du recueil des symboles
employés par les peuples divers, d'arriver à un principe
général pour expliquer les inscriptions égyptiennes; il a
formé une collection qu'il appelle *les symboles des peuples*,
ou symboles de l'Afrique, de l'Asie, de l'Europe et de
l'Amérique, et, appliquant sa théorie au portique de Dendera, il y a découvert la traduction du centième psaume
de David. Qui se fût attendu à trouver une telle composition dans un tel emplacement? Ce n'est pas tout. L'auteur
anonyme de *Essai sur les Hiéroglyphes égyptiens*, non
content de supposer que ces hiéroglyphes n'expriment
que les emblèmes d'idées analogues à celles de la Bible,
soutient encore qu'ils ne sont que de simples lettres dont
la composition forme des termes hébraïques. Mais il ne
nous explique pas comment les Égyptiens purent posséder un si riche alphabet, vu que le nombre des caractères
hiéroglyphiques n'est guère au-dessous de mille; on pourroit lui demander aussi comment les Égyptiens inscrivirent
sur leurs monumens des termes d'une langue que proba-

blement ils ne comprirent jamais. Enfin M. le *chevalier Palin* s'est persuadé, et a cru démontrer que les psaumes de David n'étoient que des traductions des hymnes sacrées que l'Égypte conservoit sur les feuilles de son papyrus.

Mais c'est s'occuper trop de cette démence scientifique. Avant d'entrer dans le détail des curieuses découvertes qui ont succédé à tant de rêves, donnons un aperçu général et succinct de leur ensemble et de leur résultat, tels que les avouent et les présentent les inventeurs eux-mêmes. Aujourd'hui l'on reconnoît comme constant qu'une grande quantité de ces hiéroglyphes qui ont si fort embarrassé l'esprit des savans, ne représentent pas des choses ou des idées, mais simplement des sons ou des mots, que plusieurs des figures sont essentiellement phonétiques ou alphabétiques, et que leur signification provenoit de ce qu'ils représentoient des choses, des objets dont l'appellation commune dans la langue vulgaire du pays commençoit par des sons que ces figures étoient destinées à rappeler. On croit que cet emploi des hiéroglyphes ou de l'écriture-peinte, est né de la difficulté d'exprimer des noms propres et surtout des noms étrangers qui ne présentoient en eux-mêmes aucune signification. Aussi le docteur Young a-t-il pensé le premier, quoique mal à propos, que c'étoit le seul cas où ces symboles fussent employés.

Un exemple familier fera mieux comprendre en quoi consiste précisément la découverte, que des pages entières d'explications. Supposons que le langage français existât tel qu'il est, mais qu'on n'eût encore inventé aucune autre écriture que les peintures ou les symboles, et qu'il fallût retracer dans une inscription qu'un individu, nommé *Jean*, a fait ou souffert quelque chose. Le mot Jean est ici un simple son; on ne peut ni le décrire, ni le définir que comme un son qui rappellera à ceux qui l'enten-

dront le nom de celui de qui l'on veut parler. On ne sauroit transmettre directement à la postérité, par un symbole ou une peinture, que tel étoit le son usité pour
désigner cet homme. La nécessité força donc, en pareil
cas, d'avoir recours à un moyen nouveau; et, suivant
les auteurs de la dernière découverte, voici quel fut ce
moyen. On traça une série de peintures d'objets familiers
dont les noms, dans la langue parlée, commençoient par
les sons que l'on vouloit successivement exprimer, et
qui, pris collectivement, composoient le mot que l'on
prétendoit énoncer. Pour le son exprimé par la lettre *J*,
dans l'exemple présent, on dessineroit la figure d'un
jonc; pour l'*E*, celle d'un *écureuil;* pour l'*A*, celle d'une
abeille; et pour l'*N*, celle d'un *nid*. Cette espèce d'acros-
tiche, composant le mot *Jean*, indiqueroit à l'œil le mot
que l'on prétendroit lui faire lire. S'il étoit reçu généralement que telle étoit la voie pour représenter de pareils
sons; si d'ailleurs le peintre ou le sculpteur exécu-
toient leurs figures avec la fidélité convenable, il est
certain que ce procédé devoit conduire à un résultat
exact. Il est à remarquer, d'ailleurs, que tous les groupes
de figures destinées à représenter des noms propres accompagnés de titres honorifiques, sont isolés et placés à part
dans les sculptures hiéroglyphiques : un ovale, un cartouche dont la forme est constante, les entourent invariablement.

La découverte a donc été complétement vérifiée, à ce
que nous croyons; et nous verrons bientôt qu'en comparant les figures inscrites dans ces cercles avec les noms des
objets qu'ils représentent, tirés de la langue copte ou de
l'ancienne Égypte, on a déchiffré un très-grand nombre de
noms historiques et mythologiques sur des monumens inintelligibles jusqu'à présent. Cependant le docteur THOMAS
YOUNG, le grand auteur de cette découverte, n'a pas cru
qu'elle dût s'étendre si loin. Il a pensé qu'un tel procédé

n'avoit été suivi que pour les noms ou les termes étrangers, et même qu'en les exprimant de la sorte, on mê-
loit des caractères arbitraires et purement alphabétiques
aux phonétiques hiéroglyphiques, ou figures qui rappe-
loient les sons par leur analogie avec le nom des choses
qu'elles représentoient. Les ouvrages où il a émis cette
opinion ont été publiés antérieurement aux recherches
concluantes de MM. Champollion et Salt ; et nous croyons
que M. Young ne la soutiendra pas plus long-temps. Les
deux auteurs que nous venons de citer ont formellement
établi que les noms et les titres natifs et étrangers étoient
toujours tracés par des phonétiques hiéroglyphiques seulement ; à notre avis, ils ont prouvé de plus que l'emploi
de cette espèce d'écriture hiéroglyphique étoit beaucoup
plus étendu, et que des portions considérables de toutes
les inscriptions exprimoient uniquement des sons ou des
mots, et pouvoient conséquemment se traduire en caractères purement alphabétiques.

Rien n'est assurément plus curieux ni plus intéressant que ces découvertes, quoique après tout le fait le
plus remarquable qu'elles aient mis en lumière est cette
nature composite du système graphique des Égyptiens,
cette combinaison extraordinaire dans la moindre légende des caractères phonétiques ou alphabétiques, avec
les symboliques ou idéographiques. L'usage des figures
et des peintures, abrégé avec le temps, pour signifier les
sons ou leurs noms, fut probablement un des moyens qui
introduisirent par la suite l'écriture alphabétique chez
toutes les nations. Mais il est singulier que les Égyptiens se
soient arrêtés au milieu de leur invention même, et que,
de siècle en siècle, ils aient continué de mélanger les
caractères phonétiques d'un nombre souvent plus grand
de symboles et de figures idéographiques. Toutes les inscriptions égyptiennes que nous connoissons contiennent
cet amalgame des deux systèmes. La clef du phonétique

est trouvée, à ce qu'il paroît ; quant à celle du symbolique, nous n'avons, pour en tenir lieu, que quelques
notices éparses dans les auteurs anciens, ou l'évidence
même de la signification de quelques uns de ces emblèmes. La pierre de Rosette a augmenté nos richesses
dans ce genre, en nous fournissant la traduction d'un
certain nombre de figures ; peut-être découvrira-t-on
d'autres légendes accompagnées d'interprétations semblables. Du reste, *il faut avouer que l'éclaircissement de
ce mystère ne nous a encore révélé rien de profond ou
de sublime en philosophie, ni de vraiment beau pour
le style.* Quelques dédicaces aux dieux, quelques adu-
lations décrétées à des tyrans vivans ou morts, voilà jusqu'à ce jour ce que l'on est parvenu à nous expliquer.
Sans doute la chronologie, les généalogies en recevront
quelques lumières ; l'histoire même en obtiendra peut-
être des services plus essentiels.

Nous espérons que ces préliminaires aideront nos lecteurs
à suivre plus facilement le compte que nous allons rendre
de cette découverte singulière et de l'évidence dont on la
dit accompagnée. Comme nous la croyons la plus curieuse
par l'accumulation de ses preuves, et la plus honorable
pour ses inventeurs, de toutes celles que présente l'histoire de la littérature, nous réclamons une attention pro-
portionnée à la longueur des détails où nous serons forcés
de descendre.

On sait qu'une *commission de l'Institut* [1] fut envoyée
avec l'expédition d'Égypte pour y faire des recherches sur
l'histoire de ce pays, et que Napoléon attacha un grand
intérêt à ces travaux. Sous de tels auspices il fut beaucoup
fait pour éclaircir les antiquités et l'état des arts de ce
pays, mais absolument rien pour ce qui concernoit le lan-

---

1 Ceci est une erreur : Napoléon forma en Égypte un Institut des
savans qui furent attachés à son expédition.

gage, la littérature, les hiéroglyphes et les manuscrits.
Le temps ou les moyens peut-être manquèrent-ils. A la
hónte de l'esprit humain, et de la sience en général, un ac-
cident, résultat de travaux purement militaires, jeta plus
de lumières sur cette étude intéressante, que toutes les
veilles des érudits n'en avoient produit dans le cours de
dix siècles. Tandis qu'une division française occupoit Rosette, des ouvriers employés à creuser les fondations du
fort Saint-Julien découvrirent un bloc de basalte noir,
où se trouvoient gravés les restes de trois inscriptions distinctes. Ce monument tomba entre les mains des Anglais
qui, l'ayant transporté, le placèrent dans le Muséum de
Londres.

　Une inspection sommaire du pilier de Rosette suffit pour
confirmer l'observation faite par Warburton, que les hiéroglyphes constituoient un véritable langage écrit. Des trois
inscriptions gravées sur ses côtés, une partie considérable
de la première manque malheureusement; le commencement de la seconde et la fin de la troisième sont mutilés.
Mais la dernière, qui est en grec, est terminée par cette
importante information. Il y est dit que le décret qu'elle
contient (en l'honneur de Ptolémée Epiphanes) a été gravé
en trois caractères différens : le sacré ou hiéroglyphique,
l'enchorique ou lettres du pays (synonyme de démotique),
et le grec : de sorte qu'on y voyoit un spécimen authentique des caractères hiéroglyphiques accompagnés expressément d'une traduction.

　Maintenant le premier pas à faire étoit de traduire cette
traduction avec exactitude. La société des antiquaires fit
donc circuler une gravure correcte des trois inscriptions;
Porson et Heyne, les meilleurs hellénistes de notre âge, tra-
vaillèrent à compléter et à éclaircir le texte grec qui for-
moit la troisième partie de l'inscription. Dans cette tâche,
l'assiduité laborieuse du professeur allemand obtint la su-
périorité sur la vive activité du professeur anglais. Ce pre-

mier pas franchi, il en restoit un bien plus difficile à exé-
cuter. On n'avoit point encore obtenu de date à l'aide de
laquelle on pût établir de comparaison entre le grec ainsi
restauré et le texte hiéroglyphique et enchorique, dont
l'on ne connoissoit pas un seul caractère. Il n'y avoit alors
qu'une seule marche à suivre : c'étoit de rapprocher les
deux inscriptions, de les faire correspondre le plus précisément possible, et, d'après la position des noms propres
dans le grec, d'entreprendre de fixer leurs places dans
une ou dans les deux autres inscriptions. Si des caractères
purement phonétiques entroient dans la composition des
textes hiéroglyphique et enchorique, il étoit clair que par
ce moyen on obtiendroit la valeur de quelque caractère.
Il étoit indifférent de tenter la comparaison du grec avec
l'hiéroglyphique ou avec l'enchorique; mais comme l'on
soupçonnoit que l'enchorique étoit entièrement alphabétique, ce fut par lui qu'on commença l'expérience. En conséquence, M. SILVESTRE DE SACY ayant examiné les parties de
ce dernier texte qui correspondoient par leur position aux
deux passages grecs où se trouvent les noms propres d'A-
lexandre et d'Alexandrie, reconnut bientôt deux groupes
de caractères d'une ressemblance presque parfaite, et il
jugea que c'étoit la représentation de ces noms. Il fut également heureux dans la découverte du nom de Ptolémée;
mais désespérant d'avancer davantage, il abandonna un
travail dont il avoit trop tôt préjugé la stérilité.

La peine qu'il avoit prise fut loin d'être inutile; ce qu'il
avoit fait démontroit que l'on pouvoit faire davantage.
M. AKERBLAD, diplomate suédois, reprit l'investigation au
point où elle avoit été laissée, et démontra ce que M. de Sacy
n'avoit donné que pour une conjecture; c'est-à-dire que
le texte enchorique contenoit des noms propres grecs écrits
en caractères égyptiens. Ensuite il essaya de construire un
alphabet, et de déchiffrer la lecture des autres portions du
texte; mais il échoua sur ce point, parce que, à l'exemple

de son prédécesseur, il avoit pensé que le style total de l'inscription étoit alphabétique; et en second lieu, parce qu'il s'attendoit à trouver dans l'écriture égyptienne un nombre de voyelles égal à celui qu'on rencontre dans les textes coptes encore existans. Il auroit dû considérer pourtant qu'il devoit y en avoir une grande quantité de supprimées, d'après l'usage pratiqué dans l'hébreu, le chaldéen, l'arabe et les autres langues de l'Orient. A l'exception de quelques observations détachées sur les signes de la fin, M. Akerblad ne fit aucun effort pour comprendre les premiers, ou les hiéroglyphes inscrits sur le pilier; il sembla même disposé à suivre l'opinion de M. Palin, qui pensoit que les premiers signes des hiéroglyphes restoient encore sur la pierre dans leur intégrité.

Tel étoit l'état des choses quand le docteur Young commença ses travaux. On n'avoit presque encore rien fait pour expliquer les hiéroglyphes; mais le germe de toutes les découvertes subséquentes avoit été trouvé, du moment où l'on avoit su assigner une place aux noms propres, et considérer les groupes de figures correspondans comme représentant leurs sons. Le docteur Young ayant eu l'occasion de publier dans un ouvrage périodique un extrait du *Mithridate* d'Adelung et Vater, fut frappé d'une note de ce dernier, qui assuroit que la langue inconnue de la pierre de Rosette et des bandelettes qui accompagnoient fréquemment les momies, pouvoit se réduire à un alphabet d'environ trente lettres. Il avoit perdu de vue cette remarque originale et importante; il ne pensoit plus à ces inscriptions, lorsqu'en 1814 quelques fragmens de papyrus apportés en Angleterre par sir W. R. Boughton réveillèrent son attention; il les examina, et après une courte inspection de la brochure de M. Akerblad, il communiqua quelques réflexions anonymes à la société des antiquaires. Dans l'été de la même année, il s'appliqua assidûment à l'étude de l'inscription enchorique, puis à celle en hiéro-

glyphes; et son travail le mit à même en peu de mois
d'envoyer à l'*Archeologia Britannica* une traduction
conjecturale de chacune des inscriptions égyptiennes,
en y distinguant le contenu de chaque ligne avec autant
de précision que le pouvoient permettre ses matériaux. Il fut obligé de laisser dans le doute quelques passages importans; mais il espéroit que quelque renseignement plus positif lui permettroit de prononcer avec plus
d'assurance; le pas immense qu'il avoit déjà fait lui promet-
toit des succès rapides et nombreux. Pour se faciliter ses
recherches, il entreprit de se familiariser avec les débris
de l'ancienne langue de l'Égypte, tels qu'ils sont conservés
dans la traduction copte et thébaine de la Bible [1]. Il comp-
toit, avec cette ressource, découvrir un alphabet qui l'aide-
roit à lire l'inscription enchorique au moins dans un dialecte analogue; et quoique forcé de renoncer à son attente,
il publia bientôt, dans le *Museum criticum* de Cambridge,
sa version conjecturale augmentée et beaucoup améliorée.
Enfin, dans l'article Égypte du quatrième volume de supplément à l'Encyclopédie britannique, décembre 1819,
il rangea dans une forme méthodique les résultats de ses
recherches, et donna un vocabulaire de plus de deux
cents noms ou mots qu'il étoit venu à bout de déchiffrer
dans des manuscrits hiéroglyphiques et enchoriques. On
doit regarder cet article comme le monument qui fait le
plus d'honneur à la littérature moderne.

Tout en appréciant l'étendue des découvertes que l'on
doit au docteur Young, il ne faut pas oublier que déjà
M. de Sacy avoit indiqué la place des mots *Alexandre* et
Ptolémée dans le texte enchorique, et que M. Akerblad
avoit non seulement confirmé cette indication, mais qu'il

[1] *Jablonski* et M. *Etienne Quatremère* ont suffisamment prouvé l'i-
dentité de la langue copte avec celle de l'ancienne Égypte. *Voyez* prin-
cipalement les *Recherches sur la langue et sur la littérature de l'Égypte*,
de ce dernier.

avoit dressé ce que l'on peut justement nommer un alphabet conjectural. Aucun d'eux pourtant n'avoit pu déchiffrer un seul caractère de l'inscription hiéroglyphique :
cette branche, la plus importante, étoit donc demeurée
intacte. Ce fut alors que M. Young commença ses recherches ; en dirigeant son attention sur le texte enchorique, il
vérifia d'abord les observations de MM. de Sacy et Akerblad, et remarqua une collection de caractères répétés
vingt-neuf ou trente fois, et comme il ne trouva aucun
mot qui, dans le grec, correspondît à cette fréquente répé-
tition, si ce n'est le mot *roi* avec ses composés, qui se représentoit trente sept fois, il en conclut que ce groupe
devoit, dans toutes ces occasions, équivaloir au mot roi
ou à quelqu'un de ses dérivés. On rencontroit un autre
assemblage de caractères quatorze fois, et cet assemblage
cadroit avec le nom de *Ptolémée* qui se reproduisoit
onze fois dans le grec. Par une semblable confrontation,
on identifia également le nom d'*Égypte*, qui se trouve
plus fréquemment dans l'enchorique que dans le grec, qui
lui substitue souvent le mot *pays* ou qui l'omet entièrement. Un petit groupe de caractères que l'on rencontroit
presque à chaque ligne, fut supposé être une terminaison ou quelque particule commune ; on attendit jusqu'à
ce que sa situation, mieux déterminée, eût autorisé à conclure que la copulative *et* étoit sa signification véritable.
Après avoir ainsi obtenu quelques points de rappel, le
docteur Young écrivit le grec au-dessus du texte enchorique, de manière à ce que les passages identiques pussent
correspondre exactement, et que les parties intermédiaires
de chaque inscription obtinssent une position respective
également régulière. Cet arrangement diminua les chances
d'erreurs ; il ne s'agit plus que d'appliquer à chaque com-
partiment le principe de comparaison, par le moyen duquel
la subdivision avoit été obtenue, pour parvenir à déchiffrer
l'inscription entière. C'est ce que l'on fit, et, par une atten-

tion soigneuse aux caractères dont le sens avoit été vérifié, on obtint une intelligence passable de la fin de l'inscription enchoriaque, quoique l'on fût privé de la portion correspondante du grec.

En suivant toujours le même procédé, le docteur Young tenta d'analyser et de déchiffrer le texte hiéroglyphique dont une partie étoit à moitié détruite, et l'autre très-effacée. Par une double comparaison de l'hiéroglyphique avec les deux autres branches de la triple inscription, il parvint d'abord à déterminer les places de certains mots plus apparens, tels que *Ptolémée, Dieu, roi, temple, prêtre.* Ayant ainsi obtenu un certain nombre de points de subdivision, il écrivit les trois inscriptions côte-à-côte, et chercha le sens des caractères respectifs, en comparant minutieusement les diverses parties entre elles. Dans sa première inspection, il avoit observé que les lignes enchoriques étoient écrites de droite à gauche, suivant la coutume des Égyptiens, relatée par Hérodote : de même dans celle-ci il s'assura que les hiéroglyphes font face à la droite ou à la gauche du spectateur, selon que les personnages principaux des tablettes auxquelles ils appartiennent regardent dans l'une ou l'autre de ces directions ; que, lorsqu'il n'y a pas de tablettes, ils regardent presque toujours à droite ; qu'il faut toujours les lire d'avant en arrière, comme les objets se suivent naturellement l'un l'autre ; et qu'enfin les Égyptiens semblent n'avoir jamais écrit βουστροφηδὸν, ou alternativement d'arrière en avant, comme il est probable que l'ont pratiqué les anciens Grecs.

Ayant, par cette revue, épuisé toutes les combinaisons, le docteur Young pouvoit déterminer généralement le sens des caractères individuels, ou des groupes de caractères qui représentoient des mots séparés dans le texte sacré et dans l'enchorique ; mais un point important restoit à décider : quelques uns, tous, ou aucun de ces carac-

tères n'étoit-il pas, ou étoit-il alphabétique ? Il est fâ-
cheux qu'en essayant de résoudre ce problème le docteur
Young ait laissé s'égarer sa sagacité; qu'il ait non-seulement laissé à un autre l'avantage de compléter sa découverte, mais qu'il lui ait fourni un prétexte dont il a trop
usé, pour s'attribuer tout le mérite de la découverte.
Voici comment s'exprime M. Young : « Il sembloit na-
» turel de supposer que les caractères alphabétiques
» étoient mélangés aux hiéroglyphiques, de la même
» manière que les astronomes et les chimistes des temps
» modernes ont employé des signes abrégés de conven-
» tion, pour exprimer les objets qui se présentent le plus
» fréquemment dans leurs sciences respectives. Mais aucun
» effort n'a pu faire découvrir aucun alphabet qui pût
» rendre cette inscription en général, ni rien qui pût
» aider à la transformer en langage égyptien, quoique
» plusieurs des noms propres semblassent s'accorder assez
» avec les formes des lettres indiquées par M. Akerblad;
» cette coïncidence, à la vérité, se trouve dans le chinois,
» ou dans quelques autres langages non alphabétiques,
» s'ils emploient des mots dont le son est extrêmement
» simple, pour écrire des noms propres qui sont plus
» composés. » (*Supplément à l'Encyclopedia Britann.*,
vol. IV, p. 54.) Parlant ensuite du nom de *Ptolémée*,
tel qu'on le voit sur la pierre de Rosette, il dit, page 62 :
« Dans ce nom propre, et dans quelques autres, il est
» fort intéressant d'observer par quelle marche l'écriture
» alphabétique a été engendrée de l'hiéroglyphique ;
» procédé qui peut s'expliquer par la manière dont les
» Chinois modernes expriment une combinaison de sons
» qui leur est étrangère ; ils rendent, dans ce cas, les
» caractères simplement phonétiques en y appliquant
» une marque particulière, au lieu de leur laisser leur
» signification naturelle. » Ensuite il compara les manuscrits sur papyrus, qui avoient antérieurement été re-

gardés comme des échantillons de l'écriture alphabétique
des Égyptiens, avec d'autres manuscrits chargés de véritables hiéroglyphes, tracés légèrement, mais non sans
élégance, d'une main qui avoit été qualifiée d'*hiératique;*
il découvrit que chaque caractère purement hiéroglyphique avoit son correspondant tracé à main courante;
et de là il conclut que les caractères *hiératique* et *épisto-*
lographique n'étoient qu'une première et seconde *dégra-*
dations du *sacré;* ou, en d'autres mots, que le *sacré* étoit
passé successivement de l'hiératique à l'épistolographique,
ou écriture vulgaire du pays : cette suite de conséquences
mal déduites l'entraîna dans des erreurs, comme il sera
ci-après démontré. Elles le conduisirent à croire que les
différens systèmes d'écritures suivis par les anciens Égyptiens étoient essentiellement *idéographiques;* mais que,
dans le besoin d'écrire des *noms propres étrangers,* on
avoit recours à des signes représentatifs d'idées seulement, par un procédé analogue à celui des Chinois quand
ils peignent uniquement les *sons,* et que ces caractères
employés ainsi dans un but *phonétique* devoient produire
les élémens d'une espèce d'alphabet hiéroglyphique dont
l'emploi étoit restreint à l'expression des sons étrangers.

Aidé en conséquence de l'alphabet enchorique d'Akerblad et des lumières acquises par la comparaison des manuscrits hiéroglyphiques avec ceux en papyrus, qui en
étoient l'abréviation ; secouru, de plus, par le copte,
démontré par M. *E. Quatremère* identique avec l'ancien
égyptien, le docteur Young entreprit l'analyse des noms
hiéroglyphiques de *Ptolémée* et *Bérénice,* le premier
tiré de l'inscription de Rosette, le second d'une légende
de la voûte du grand temple de Karnak. Nous rappor-
terons cette analyse dans les propres termes de l'auteur.

Quant au nom de Ptolémée, sa position fut aisément
déterminée par la méthode de subdivision et de comparaison décrite ci-dessus, et par l'anneau ovale ou le cartouche

dans lequel il se trouvoit inscrit ¹. Les caractères qui le
composent sont un carré, un demi-cercle, une espèce de
nœud, un lion, deux lignes parallèles terminées par une
ligne oblique et transversale, deux plumes et un *lituus*,
ou ligne recourbée. Voici l'explication qu'en donne
M. Young : « Le carré et le demi-cercle répondent inva-
» riablement dans tous les manuscrits aux caractères du
» P et du T d'Akerblad, que l'on trouve au commencement
» du nom enchorial. Le second caractère, une espèce de
» nœud, n'est pas absolument nécessaire; il est souvent
» omis dans l'Écriture sacrée, et toujours dans l'encho-
» riale. Le lion correspond au LO d'Akerblad; le lion est
» toujours rendu par le même signe dans les manuscrits :
» une ligne oblique et croisée représente le corps, une
» ligne verticale la queue. On lisoit probablement OLE et
» non pas LO; quoique dans le copte moderne OILI si-
» gnifie un *bélier*. EIUL aussi signifie un *cerf*, et la figure
» du cerf dans l'écriture courante approche de celle du
» *lion*. Le caractère suivant semble avoir rapport à *place* en
» copte MA; on le lisoit aussi simplement M, et le carac-
» tère est toujours exprimé à main courante par l'M de
» l'alphabet d'Akerblad. Les deux plumes, quelle que fût
» leur signification, répondent aux trois lignes parallèles
» du texte enchorial, et il semble par plusieurs exemples
» qu'on les lisoit I ou E; la ligne penchée vouloit dire
» probablement grand, et on lisoit OCH ou OS; car le
» copte *shei* semble avoir été l'équivalent du *sigma grec*.
» Ces élémens rapprochés nous donnent PTOLEMAIOS,

¹ M. Young est dans l'erreur s'il croit avoir été le premier qui découvrit que des *noms propres* étoient entourés d'un anneau circulaire ou
cartouche; le docte *Zoëga* a déjà fait cette remarque : « Conspicuuntur
» autem passim in Egyptiis monumentis *schemata elliptiae* planae basi
» insidentia, quae emphatica ratione includunt certa notarum syntag-
» mata, sive ad *propria personarum nomina exprimenda*. sive ad sacra-
tiores formulas designandas. » — *De Origine et usu obelisc.*, pag. 464.

» nom grec, ou PTOLEMEOS, comme peut-être on l'écri-
» voit en copte. » —(*Suppl. à l'Enc. Brit.* IV, p. 62).

Après avoir ainsi lu le nom hiéroglyphique de *Ptolémée*, il s'applique à déchiffrer celui de *Bérénice*, femme
de Ptolémée Soter et mère de Ptolémée Philadelphe,
inscrit sur la légende : *Ptolémée* et.... *Bérénice*, dieux
sauveurs ; la sculpture en est répétée deux fois sur le plafond de Karnak. Ses caractères se composent, suivant le
docteur Young, d'une sorte de panier à anses, d'un ovale
ou œil sans pupille, d'une ligne en méandre ou zigzag, de
deux plumes, d'un marchepied, et d'une oie accompagnée de l'invariable signe du genre féminin. Voici son
interprétation : « Le premier caractère de ce nom hiéro-
» glyphique est exactement de la même forme que celui
» qu'on voit à Biban-el-Molouk ; c'est une espèce de pa-
» nier à anses, et en copte un panier s'appelle BIR. L'ovale,
» ou œil sans pupille, signifie ailleurs *à*, qui en copte est
» E ; le zigzag *de* et peut être rendu par N ; les plumes
» par I ; le petit marchepied paroît superflu ; l'oie est KE,
» ou KEN ; Kircher nous donne KENESOU pour une oie ;
» mais ESOU signifie qui vit en troupe, probablement
» pour distinguer l'oie du canard égyptien : au reste cette
» assonnance approche du nom que porte l'oie dans beau-
» coup d'autres langues. Nous avons donc littéralement
» BIRENICE, ou, s'il faut y joindre l'N, BIRENICEN, que
» les Égyptiens auront facilement confondu avec le nomi-
» natif. Les derniers caractères ne sont qu'une terminaison
» féminine. — Il ajoute : ce nom nous fournit un second
» exemple de l'écriture syllabique combinée avec l'alpha-
» bétique, assez ressemblant à ces mélanges de mots et de
» choses dont les enfans se font un amusement. Quoique
» cette comparaison avec les *Rebus* eût pu exciter l'indi-
» gnation de Warburton, il n'en est pas moins vrai que
» souvent il n'y a qu'un pas du *sublime* au *ridicule*. »

Des recherches subséquentes, aidées de la découverte

d'un nouveau monument, ont fait apercevoir d'importantes erreurs dans l'appréciation arbitraire des hiéroglyphes phonétiques dont se composent ces noms. Par exemple, dans le nom Ptolémée, où le P et le T sont correctement expliqués, le nœud, ou plutôt la fleur dont la tige est penchée, que le docteur Young a jugé inutile, représente l'O : le lion qu'il donne pour l'équivalent de OLE est simplement le signe de l'L ; son MA est M ; son I ou E le grec H (*éta*) et son OS ou OCH, S : de sorte qu'en place du mot (ΠΤΟΛΕΜΑΙΟΣ) entièrement exprimé, nous n'avons que son squelette (ΠΤΟΛΜΗΣ). De même, dans le mot *Bérénice*, le BIR du docteur est simplement B, son E est un R, son N est correct, son I est un H (*éta*), son marchepied superflu un K, et son KE ou KEN un S, de manière qu'au lieu de (BIPENIKE) ou (BIPENIKEN), les signes phonétiques produisent seulement (BPNHKΣ). *Mais malgré ces erreurs, M. Young a le mérite* EXCLUSIF *d'avoir expliqué une énigme qui, pendant des siècles, avoit bravé la sagacité des érudits.* La méthode qu'il a suivie pour déchiffrer les textes enchorique et hiéroglyphique de l'inscription de Rosette, est on ne sauroit plus ingénieuse ; il est le premier qui ait eu l'honneur de démontrer que dans ces deux sortes d'écritures il y avoit des signes, quelle qu'en fût l'originaire signification, destinés à représenter des *sons*. Sans doute il a cru que les caractères égyptiens étoient idéographiques, et ne devenoient quelquefois *phonétiques* que pour l'expression des noms étrangers ; mais cette idée erronée, qui retarda les succès de sa découverte, ne l'a pas empêché de jeter les fondemens d'un alphabet hiéroglyphique, et d'en produire un *enchorique*, si étendu en lui-même, que jusqu'à ce jour on y a que peu ajouté. Enfin nous ne pouvons faire mieux que de répéter les propres paroles de M. Salt : « Le docteur Young a seul trouvé la » clef de l'écriture enchorique, et c'est lui qui a tracé la

» route qui peut conduire à l'intelligence des hiérogly-
» phes. » (*Essay*, pag. 1, note.)

Nous n'avons aucun moyen d'assigner précisément l'é-
poque où M. Champollion commença ses recherches sur
les hiéroglyphes : cette question ne présente d'autre
intérêt que celui de fixer la priorité entre lui et le docteur
Young; et sur ce point, nous croyons que personne ne
sauroit garder l'ombre de doute. C'est d'ailleurs M. Champollion lui-même qui a mis cette discussion sur le tapis.
Après un exposé succinct de quelques propositions énon-
cées, et de quelques opinions soutenues dans l'article
ÉGYPTE, il ajoute : « Je dois dire qu'*à la même époque, et
» sans avoir aucune connoissance des opinions de M. le
» docteur Young,* je croyois être parvenu, d'une manière
» assez sûre, à des résultats à peu près semblables.
» (Précis 17.) » Mais quelques considérations peuvent
rendre cette assertion douteuse. *D'abord,* nous avons le
témoignage du docteur Young, que M. Champollion n'a
point contredit. « Au commencement de mes recherches
» (en 1814 et 1815), je reçus une lettre de M. Champol-
» lion, accompagnée d'un exemplaire de son livre sur
» l'État de l'Égypte, sous les Pharaons, offert à la Société-
» Royale. *Comme il me demandoit quelques renseigne-
» mens sur différens passages de l'inscription enchorique
» de Rosette,* lesquels étoient imparfaitement représentés
» sur les gravures, je lui répondis, en me référant au mo-
» nument original qui se trouve dans le Musée de Lon-
» dres; et peu de temps après, *je lui envoyai ma traduc-
» tion conjecturale des Inscriptions,* telle qu'elle fut en-
» suite insérée dans l'*Archéologia.* » Il ajoute « qu'à cette
» époque, M. Champollion lui paroissoit peu avancé sur
» l'intelligence de l'inscription enchorique; et que ses no-
» tions alors sembloient puisées uniquement dans les re-
» cherches d'Akerblad, qu'il avoit *tacitement* adoptées. »
(*Discoveries in Hierogl. Literature,* pages 40 et 41.)

3

Comment alors M. Champollion prétend-il avoir commencé
ses travaux en même temps que le docteur Young, et sans
avoir connoissance de ses opinions? *En second lieu,* il est
évident, par les dates respectives des publications de
M. Champollion, qu'environ six ans se sont écoulés depuis cette communication jusqu'à l'apparition de son premier ouvrage, tandis que la traduction conjecturale du
docteur Young parut en 1815, long-temps avant qu'on sût
que M. Champollion étoit engagé dans des recherches
semblables. *La priorité de publication* est donc démontrée.
M. Champollion, d'ailleurs, n'a pas contredit l'assertion
du docteur Young, relative à la communication mentionn-
née ci-dessus; il convient d'avoir vu l'article Égypte, environ deux ans avant sa *lettre à M. Dacier,* qui contient
ses premiers aperçus sur les hiéroglyphes; il est donc clair
qu'il a eu connoissance des opinions du docteur Young,
à chaque époque de ses progrès, et que la question d'*ori-
ginalité* est aussi facile à résoudre que celle de l'antériorité de la *publication.*

On voit que M. Champollion a commencé ses études
hiéroglyphiques par un examen attentif du passage de Clément, et qu'il en a conclu, sans conserver de doute, que
les signes phonétiques entroient comme élément intégrant
dans le système d'écriture des anciens Égyptiens. Cette
conséquence évidente conduisoit à une autre : c'est que
si l'on pouvoit construire un alphabet phonétique, on ob-
viendroit la clef des hiéroglyphes en général, et par suite,
des résultats très-importans pour l'histoire. Tel fut son
principe, et il a le mérite individuel d'en avoir présagé
les immenses avantages.

*Sa tâche devenoit comparativement facile, depuis que
M. Th. Young avoit démontré la possibilité de former
cet alphabet,* EN CONSTRUISANT NEUF SIGNES PHONÉTIQUES,
dans les noms de *Ptolémée* et de *Bérénice,* signes dont le plus
grand nombre a été reconnu depuis très-exact. Le premier

pas, et le plus important, une fois fait, il ne falloit que du *bonheur*, pour aller en avant; nous disons du *bonheur*, parce que le docteur Young avoit tiré de ses matériaux tout le parti possible. Si l'inscription de Rosette fût arrivée dans son intégrité en Europe, il est probable qu'on eût joui d'un alphabet phonétique complet, avant qu'on eût entendu parler des travaux de M. Champollion, en ce genre : mais malheureusement la pierre ne contient que les quatorze dernières lignes du texte hiéroglyphique, et mutilées encore; tandis que le nom hiéroglyphique de Ptolémée, enfermé dans un ovale, est le seul, de tous ceux mentionnés dans le texte grec, qui ait échappé à une destruction totale. Ce nom est représenté par huit caractères hiéroglyphiques, où l'un d'eux, la plume, est répété; et comme le nom grec ΠΤΟΛΕΜΑΙΟΣ est formé de dix lettres, il étoit impossible, sans le secours d'autres matériaux, de fixer exactement le rapport entre sept ou huit signes hiéroglyphiques et les dix lettres grecques. Mais heureusement pour M. Champollion, la découverte d'un nouveau monument est venue dissiper toute incertitude à cet égard, et lui faciliter la construction de l'alphahet tant désiré.

« Le texte hiéroglyphique de l'inscription de Rosette », dit M. Champollion (lettre à M. Dacier, page 6), « l'o-
» bélisque trouvé dans l'île de Philæ, et récemment trans-
» porté à Londres, contient aussi le nom hiéroglyphique
» d'un Ptolémée, conçu dans les mêmes signes que dans
» l'inscription de Rosette, également renfermé dans un
» cartouche, et il est suivi d'un second cartouche qui doit
» contenir nécessairement le nom propre d'une femme,
» d'une reine Lagide, puisque ce cartouche est terminé
» par les signes hiéroglyphiques du genre féminin, signes
» qui terminent aussi les noms propres hiéroglyphiques
» de toutes les déesses égyptiennes, sans exception[1]. L'o-

---

1 Ici M. Champollion nous semble avoir tout-à-fait manqué d'exac-

» bélisqne étoit *lié,* dit-on, à un socle portant une inscrip-
» tion grecque et qui est une supplique des prêtres d'Isis
» à Phylæ, adressée au roi Ptolémée, à Cléopâtre sa sœur,
» et à Cléopâtre sa femme. Si cet obélisque, et l'inscription
» hiéroglyphique qu'il porte étoient une conséquence de
» la supplique des prêtres, qui, en effet, y parlent de la
» consécration d'un monument analogue, le cartouche du
» nom féminin ne pouvoit être nécessairement que celui
» d'une Cléopâtre. Ce nom, et celui de Ptolémée qui,
» dans le grec, ont quelques lettres semblables, devoient
» servir à un rapprochement comparatif des signes hiéro-
» glyphiques composant l'un et l'autre; et si les signes
» semblables dans ces deux noms exprimoient dans l'un
» et l'autre cartouche *les mêmes sons,* ils devoient cons-
» tater leur nature *entièrement phonétique.* » (*Lettre à
M. Dacier,* pages 6 et 7.)

La marche de l'investigation ici indiquée, paroît simple
et facile ; mais comme le développement de l'alphabet hiéroglyphique provient de la comparaison des différens signes
qui composent les noms de Ptolémée et de Cléopâtre, nous
devons rendre compte du procédé qui a conduit à cet important résultat.

Dans le carré placé à l'angle inférieur, sur la droite de
la planche ci-jointe, sont inscrits trois noms propres,
écrits en hiéroglyphes, et entourés chacun d'un cercle
elliptique ou cartouche. Le n° 1 est le nom de Ptolémée,
pris de la partie hiéroglyphique de la triple inscription
de Rosette; le n° 2 est le nom de Bérénice, copié sur le
plafond de Karnak ; et le n° 3 est celui de *Cléopâtre,*
fourni par l'obélisque de Philæ. Nous avons déjà donné

titude. Les symboles idéographiques de la terminaison féminine (un
demi-cercle et un ovale) sont présentés par lui comme connus et admis
depuis long-temps. Cependant l'explication de ces symboles n'avoit pas
même été soupçonnée jusqu'au moment où le docteur Young en fit la
découverte. (*Discoveries in Hierogl. Literature,* p. 45.)

l'analyse qu'a faite des deux premiers (*Ptolomée* et *Bé-rénice*) le docteur Young, d'après l'enchorial de l'inscription de Rosette ; et nous prions le lecteur de se rappeler par quels procédés on a fixé sa place et déterminé la valeur de ces caractères. Maintenant nous avons à nous occuper du premier et du troisième, ou des noms de Ptolémée et de Cléopâtre.

Le lecteur, en jetant les yeux sur les cartouches nᵒˢ 1 et 3, verra que dans celui de Ptolémée (ΠΤΟΛΜΗΣ) nᵒ 1, les quatrième, sixième, troisième et premier caractères répondant à A, E, H, O et Π sont identiques aux second, troisième, quatrième et cinquième caractères du cartouche de Cléopâtre (ΚΛΕΟΠΑΤΡΑ) nᵒ 3, qui doivent conséquemment correspondre respectivement aux mêmes lettres A, E, O et Π. Ici nous avons la valeur de quatre caractères : le lion, la plume, la fleur à la tige recourbée, déterminée par une espèce de *instantia crucis*. En même temps se trouve confirmée la solidité de la première hypothèse, qui est devenue une certitude par la présente comparaison de ces noms hiéroglyphiques. Mais le même procédé qui nous sert à vérifier la valeur des caractères communs aux deux noms, nous sert également à évaluer ceux où ils sont dissemblables. Prenons, par exemple, le nom (ΚΛΕΟΠΑΤΡΑ). Son hiéroglyphe est construit de neuf signes phonétiques, auxquels se joint le symbole de la terminaison féminine ; dans d'autres mots il y a un caractère phonétique qui correspond à chaque lettre du nom. Mais quatre de ces caractères ont été déterminés par la méthode de comparaison directe ; or, le nom étant supposé connu, il suit que la valeur des cinq qui restent peut être déduite sans risque de se tromper ; car la valeur des second, troisième, quatrième et cinquième étant une fois établie, l'on obtient infailliblement celle des premier, sixième, septième, huitième et neuvième. La même opération est applicable au nom de Ptolémée. De là, comme le nom de Cléopâtre con-

tient *huit* caractères distincts , et que le nom de Ptolémée
en fournit *trois* , en déduisant les quatre lettres communes
à tous deux , on obtient, de l'analyse de ces deux noms
seuls , onze caractères divers représentant un nombre égal
de sons; et si la même méthode est appliquée au nom
Bérénice, elle en produira quatre de plus , dont trois représentant des sons distincts, tandis que le quatrième ,
l'oie du Nil (*vulpanser*), ne sera qu'un homophone de la
lettre A. De sorte que de ces trois noms sont déduits quatorze signes phonétiques distincts , égalant la moitié de
ceux de l'alphabet de Cadmus moins deux , et formant
une portion considérable de l'alphabet phonético-hiérogly-
phique , qu'il étoit aisé d'augmenter en le comparant avec
le contenu d'autres cartouches.

Certes, c'étoit là des données aussi sûres que fécondes.
Mais les résultats qu'elles avoient déjà présentés , ont été
confirmés par une suite d'observations que M. Champollion
a dirigées avec tant d'intelligence et de sagacité, qu'il ne
peut plus rester de doutes ni de place à de nouvelles erreurs. Nous aurons plus d'une occasion de fournir à nos
lecteurs des exemples de leur évidence. Nous pouvons déjà
annoncer que par une suite de vérifications qui , quelquefois s'élèvent à plus de cent sur un seul caractère, M. Champollion a démontré que chaque signe phonétique est l'image
d'un objet physique , dont le nom dans la langue vulgaire
de l'Égypte , commençoit par le son ou l'articulation que
ce signe lui-même est destiné à représenter. Ainsi l'image
d'une aigle qui , en copte, est appelée *Ahóm* ou *Ahhóm* ,
devient le signe de la voyelle A ; celle d'un petit vase ou
burette, en copte *Berbé ,* le signe de la consonne B ; celle
d'une main , *Tot ,* le signe de la consonne T; celle d'une
hache *Kelebin ,* le signe de la consonne K ; celle du lion
ou de la lionne, *Labo ,* le signe de la consonne L; celle du
hibou , *Mouladj ,* le signe de la consonne M; celle de la
flûte , *Sebiendjo ,* le signe de la consonne S; celle d'une

bouche, *Ró*, le signe de la consonne R, et l'image abrégée d'un jardin, *Chné*, le signe des consonnes C H.

C'est ainsi que l'on a formé progressivement un alphabet hiéroglyphique, et ensuite un alphabet général en appliquant la même méthode au caractère enchorial. Dans la planche jointe à cet Aperçu, la première colonne contient les lettres grecques ; la seconde, les caractères démotiques ou enchoriaux qui y correspondent, autant que l'on a pu jusqu'ici les déterminer ; et la troisième, les hiéroglyphes phonétiques, avec les additions récentes que l'on doit à MM. Salt et Champollion. Avec cette clef, appliquée par exemple aux planches de l'ouvrage de Zoëga ou aux gravures de la magnifique *Description de l'Égypte*, le lecteur pourra se convaincre de l'importance d'une telle découverte.

L'alphabet hiéroglyphique étant ainsi dressé, M. Champollion s'en servit à déchiffrer les noms propres inscrits sur les temples et autres édifices de l'Égypte ; et dans sa lettre à M. Dacier, il présente les résultats obtenus sur les inscriptions des monumens de Dendera (*Tentyra*) Thèbes, Esneh (*Latopolis*), Edfou (*Appollinopolis magna*) Ombos et Philæ. Il considère l'Égypte sous ses rapports avec l'histoire des Grecs et celle des Romains.

I. Pour ce qui concerne la Grèce, nous lisons : 1° le nom d'*Alexandre-le-Grand*, écrit ΑΛΚΣΝΤΡΣ sur le temple de Karnak, près de Thèbes. Le docteur Young avoit déjà déchiffré ce nom sur l'enchorial. (*Supp. à l'Ency. Brit.* vol. IV, planche 75.) 2° Le nom de Ptolémée, commun à tous les Lagides, écrit ΠΤΟΛΜΗΣ et ΠΤΛΟΜΗΣ sur les temples de Philæ, Ombos, Edfou, Thèbes, Koos et Dendera, et généralement suivi dans le cartouche même des légendes idéographiques ; *toujours vivant, bien-aimé de Phta,* ou *bien-aimé d'Isis.* 3° Le nom de la reine Bérénice, écrit ΒΡΝΗΚΣ sur la voûte du grand arc de triomphe au midi de Karnak. Le docteur Young a le premier dé-

chiffré cet hiéroglyphe. 4° Le nom de Cléopâtre, écrit
ΚΛΕΟΠΑΤΡΑ sur l'obélisque de Philæ, déjà mentionné, et
ΚΛΑΟΠΑΤΡΑ et ΚΛΟΠΤΡΑ sur les édifices d'Ombos, Thèbes et
Dendera. 5° Le nom de *Ptolémée*, surnommé *Alexandre*,
écrit ΠΤΟΛΜΗΣ ΑΡΚΣΝΤΡΣ à Dendera et à Ombos. 6° Le nom
d'un autre Ptolémée à peine connu dans l'histoire, fils de
Jules César et de la reine Cléopâtre, *Césarion*, dont l'inscription, sculptée à Dendera, près de celle de sa mère,
contient la légende ΠΤΟΛΜΗΣ, surnommé ΝΗΟΚΗΣΡΣ, *Ptolémée le jeune César*, suivie des symboles idéographiques
signifiant *toujours vivant*, et le titre *Bien-aimé d'Isis*,
écrit en signes phonétiques.

II. L'alphabet phonétique a pu s'appliquer, sans modi-
fication, soit dans la valeur, soit dans l'arrangement des
signes, à un plus grand nombre de noms de souverains
gravés sur les monumens d'Égypte, et ces noms appartenoient à des empereurs romains. Mais contre toute attente,
il s'est trouvé que leurs titres et surnoms étoient exprimés
en caractères qui exprimoient, non des noms latins, mais
des noms grecs : circonstance qui prouve ce que l'on avoit
déjà constaté ailleurs, c'est que, dans les derniers temps,
ces ouvrages étoient exécutés par des artistes grecs. Ainsi,
nous avons 1° le titre Αὐτοκρατωρ écrit ΑΟΤΟΚΡΤΡ et ΛΟΤΑΚΡΤΡ ¹,
représenté seul sur les édifices de Philæ, Dendera, etc.,
et suivi des légendes idéographiques *toujours vivant, bien-
aimé de Phta*, ou *bien-aimé d'Isis*. 2° Le titre de Καισαρ,
Καισαρος, écrit ΚΗΣΡ et ΚΗΣΡΣ ², accompagné des mêmes qualifications que les précédentes, et remplissant un cartouche
à lui seul. 3° Le nom de l'empereur Auguste en deux cercles
joints ensemble, et formant la légende ΑΟΤΚΡΤΡ ΚΗΣΡΣ, *toujours vivant, bien-aimé d'Isis*. Il est répété jusqu'à six fois

---

1 On trouve le même titre écrit ΑΥΤΚΡΤΡ, ΑΥΤΟΚΡΤΡ, et ΑΥΤΟΚΡΤΟΡ.

2 Ce titre s'écrit également sur les monumens égyptiens ΚΣΡΣ,
ΚΙΣΡΣ, ΚΙΣΑΡΣ, ΚΑΙΣΡ et ΚΑΙΣΑΡΣ.

sur la corniche du temple occidental de Philæ, et contient la seule légende gravée sur les premières médailles d'Auguste que l'on ait frappées en Égypte. 4° Le nom de l'empereur *Tibère*, écrit ΤΒΗΡΣ, et plus fréquemment ΤΒΡΗΣ, qu'on lit sur les murs et dans la galerie du temple occidental de Philæ. Deux anneaux réunis contiennent toute la légende ΑΟΤΟΚΡΤΡ ΤΒΡΗΣ ΚΗΣΡΣ ΣΒΣΤΣ, *l'empereur Tibère, César, Auguste;* mais plus généralement ΑΟΤΚΡΤΡ ΤΒΡΗΣ ΚΗΣΡΣ, *toujours vivant,* qui est répété neuf fois sur la frise du même temple. 5° Le titre et le nom de l'empereur *Domitien,* contenus en deux anneaux réunis du même édifice de Philæ, et écrit ΑΟΤΚΡΤΡ ΤΟΜΤΗΝ ¹ ΣΒΣΤΣ; mais une légende plus étendue se rencontre plusieurs fois sur les édifices de Dendera, dont les cartouches hiéroglyphiques traduits donnent ΑΟΤΡΚΡΤΡ ΤΟΜΤΗΝΣ ΣΒΣΤΣ, *l'empereur Tibère, César, Germanicus,* avec le symbole de *toujours vivant.* 6° Le nom du même empereur sur l'obélisque pamphilien à Rome. Mais ce monument, sur lequel le laborieux Kircher a publié un volume in-folio d'explications, est généralement considéré comme apocryphe; on croit qu'il a été sculpté en grande partie à Rome, à l'imitation du style égyptien, mais avec une telle négligence, que les emblèmes en sont disposés tout-à-fait arbitrairement. 7° Le nom de l'empereur *Trajan,* sur les murs de l'entrecolonnement de l'édifice occidental de Philæ. Deux cartouches unis et placés devant la figure de cet empereur adorant la déesse Isis et le dieu Arueris portent : ΑΤΟΚΡΤΡ ΚΗΣΡ ΤΡΗΝΣ, *l'empereur César Trajan.* La frise des entrecolonnes est composée de neuf ovales : celui du centre porte : ΤΡΗΝΣ, *Trajan, toujours vivant;* ceux de droite, lus deux à deux, donnent les légendes ΚΗΣΡΣ, *César, éternel germe d'Isis,* ΚΡΜΝΗΚΣ ΚΗΣΡΣ,

---

¹ Ce nom se trouve sur d'autres monumens écrit avec quelque différence dans l'orthographe.

Germanicus César, ΚΗΣΡΣ ΤΡΗΝΣ , *César Trajan, toujours
vivant;* ceux de la gauche, ΑΟΤΚΡΤΡ ΣΒΣΤΣ , *l'empereur
Auguste, toujours vivant,* ΑΟΤΚΡΤΡ ΚΗΣΡ ΤΡΗΝΣ, *l'empereur Trajan, toujours vivant.* Enfin, deux cercles de
sculptures sur le grand temple d'Ombos donnent la légende : ΑΟΤΚΡΤΡ ΚΗΣΡ ΝΡΟΑ ΤΡΗΝΣ ΚΡΜΝΗΚΣ ΤΗΚΚΣ , *l'empereur César Nerva Trajan, surnommé Germanicus
Dacique.* 8° Le nom de l'empereur Hadrien sur la pyra-
mide à quatre faces de l'obélisque des Barberini à Rome ;
le cartouche qui le contient est placé devant la figure d'Hadrien à pied présentant une offrande à Phrè, ou le soleil.
Mais ce monument aussi est d'un artiste romain, et n'appartient pas à l'Égypte. 9° Sur le Typhonium de Dendera,
deux anneaux joints ensemble et chargés de la légende :
ΑΟΤΚΡΤΡ ΚΣΡΣ ΑΝΤΟΝΗΝΣ , *l'empereur César Antonin, toujours vivant,* qui est répétée un certain nombre de fois.

Tels sont, en abrégé, les résultats obtenus par l'application de l'alphabet phonétique aux inscriptions égyptiennes qui se lient à l'histoire grecque et romaine. Nous
expliquerons à quel point ils démontrent la solidité de la
découverte première, quand nous aurons parlé de l'Essai
de M. Salt, dont l'examen trouve ici sa place.

Il nous apprend (Essai, p. 3) que, sur la première
nouvelle de la découverte, il avoit conçu un préjugé décidé
contre le système phonétique, le croyant fondé sur une
base trop conjecturale; mais qu'ayant lu la lettre de
M. Champollion à M. Dacier, et les découvertes dans la
littérature égyptienne par le docteur Young, il s'étoit mis
à examiner sérieusement leurs doctrines; il ne pouvoit
plus croire que tant de savans reconnus donnassent une
attention si suivie à une découverte qui ne reposeroit que
sur une vague hypothèse. Convaincu de son erreur, non
seulement il admit la vérité des faits établis par M. Champollion, mais aidé de ses propres recherches, il grossit le
nombre des phonétiques homophones, et celui des noms

des dieux et rois égyptiens. Dans ce travail pourtant il avoit été devancé par M. Champollion; voyez son Précis du système hiéroglyphique des anciens Égyptiens. Voici quelques uns des résultats principaux qu'a obtenus M. Salt.

Aux noms déjà déchiffrés, il a ajouté 1° Le nom d'*Arsinoë*, trouvé par lui à Gau-Kibîr, à Edfou et à Dakké : le premier étoit écrit APΣINE entièrement; le second APΣI avec une contraction; le troisième APΣN, où se joignoit la figure d'Isis, qui probablement indique une déesse : les symboles de la terminaison féminine se trouvoient dans tous les trois. Sur le péristyle de Karnak, le plus beau débris de l'architecture égyptienne, ce nom se trouve aussi joint à celui de Ptolémée, qui est désigné comme père du Ptolémée époux de Bérénice. 2° Le nom de *Philippe*, père d'Alexandre, se rencontre dans le sanctuaire de granit à Karnak; et sur le même bâtiment est aussi sculpté le nom de son fils, qui est appelé Mai-Amun, *aimé d'Amun*. L'hiéroglyphe phonétique qui représente le premier, produit ΦΛΕΕΠΟΣ, qui approche du mot grec aussi près qu'aucun autre découvert jusqu'à ce jour, si ce n'est celui de ΚΛΕΟΠΑΤΡΑ qui s'y rapporte lettre pour lettre. 3° M. Salt a fait une correction qu'il croit importante dans la manière de lire le nom de Bérénice. Dans les hiéroglyphes qui le composent, MM. Young et Champollion s'accordent à considérer le dernier caractère comme une oie du Nil. Mais dans tous les cercles qui contiennent ce nom à Karnak, à Edfou, dans le petit temple près d'Esneh, à Dakké, M. Salt a observé que l'oiseau étoit un faucon, un corbeau ou un aigle; il n'a pas trouvé d'autre oiseau qui pût servir d'indication à la voyelle A. 4° Aux noms des empereurs romains déjà découverts, M. Salt a pu ajouter ceux de *Néron*, *Commode*, *Hadrien*, *Antonin*, et un autre qui paroît être *Marcus Verus Antoninus Augustus imperator Cæsar*, formant les ornemens d'une corniche dans l'intérieur d'un petit péristyle à l'ouest de l'île de Philæ. Il a copié le nom de Domitien sur l'obélisque de Bénévent, comme l'a donné Zoëga : en tout il a pu transcrire environ vingt homophones. Arrêtons-nous ici, et reportons nos regards sur le terrain que nous venons d'éclaircir.

Le système phonétique des anciens Égyptiens, tel que l'ont révélé MM. Young et Champollion, diffère si complétement de toutes les manières d'écrire usitées chez les Européens, qu'au premier abord il est difficile de se défendre d'un peu de scepticisme. Mais les preuves qui ont surmonté la longue incrédulité de M. Salt démontreront également à nos lecteurs que ce système, tout singulier qu'il paroît, fut réellement employé par le peuple extraordinaire auquel on l'attribue. Les considérations suivantes seront de quelque poids pour ceux qui savent chercher et apprécier la vérité.

1. L'existence et l'emploi d'un tel caractère phonétique dans une langue vivante, où tout n'est pas écrit selon le mode phonétique, prouve que ce système n'est pas aussi contraire à l'analogie qu'on pourroit l'imaginer d'abord. Le chinois moderne est un idiome syllabico-idéographique; mais faut-il exprimer des combinaisons étrangères de sons, leurs caractères, au lieu de conserver leur signification naturelle, sont rendus phonétiques par l'application d'un signe spécial, et alors ils représentent seulement le son initial ou prédominant du nom ou du mot dont ils sont les symboles usuels et familiers. 2. Les progrès de la découverte et les faits qui s'y enchaînent semblent réellement en prouver la vérité jusqu'à l'évidence. Le nom de Ptolémée, tiré de l'inscription de Rosette, s'appuie sur la traduction dont il est accompagné; on en peut dire autant du nom de Cléopâtre; et de ces deux noms l'on a pu extraire un véritable alphabet hiéroglyphique. 3. Mais le plus fort argument en faveur de cet alphabet, est la parfaite conformité des résultats qu'il a produits avec l'histoire connue des personnages dont on a déchiffré les noms, avec les dates des

constructions sur lesquelles ces noms sont inscrits, avec
d'autres circonstances particulières ou générales dont la
combinaison ne sauroit être attribuée au hasard, et qui
force à admettre la certitude de cette découverte. Ainsi,
le nom de Ptolémée ne se trouve que sur des édifices dont
l'architecture est d'un style postérieur à celle des premiers
monumens de l'art égyptien. Le nom de *Cléopâtre* la représente comme *mère de Ptolémée* à Ernent et à Kous; et
dans ce dernier lieu se trouve aussi une inscription grecque
où Cléopâtre est dite *régner avec son fils*. Une reine du
même nom est mentionnée comme femme de Ptolémée à
Gau-Kibîr, à Dakké, dans un petit temple à Philæ, dédié
à Vénus-Aphrodite, et dans un autre découvert par
M. Salt, lequel est dédié à Esculape, et partout ce nom
correspond aux inscriptions grecques trouvées dans le
même pays. Dans beaucoup d'autres temples, une Cléopâtre est toujours associée à un Ptolémée. Sur le beau
péristyle de Karnak, le nom de Ptolémée accompagne,
comme de coutume, celui de Cléopâtre, et il est représenté
comme fils de Ptolémée et d'Arsinoë; le nom d'Alexandre,
fils d'Amun, se trouve avec celui de Philippe, son père;
et l'on voit à Edfou le nom de Ptolémée suivi du titre
d'Alexandre et du nom de Bérénice son épouse. De plus,
les titres d'Autocrator, de Sebastos, d'Eusèbes, de Kaisar,
sont continuellement joints aux noms des empereurs romains, mais jamais à ceux des Ptolémées. Les surnoms de
Germanicus, Dacicus, ne se trouvent appliqués qu'aux
souverains qui les portent sur leurs médailles; le nom
d'Hadrien est placé convenablement avant celui de Trajan;
et la plus grande partie des noms des empereurs, depuis
Auguste jusqu'à Commode, ne se rencontrent que dans
des édifices dont la date annonce une construction plus
moderne que les Ptolémées. Tous les noms et les titres que
l'on a déchiffrés par la méthode ci-dessus expliquée, ne
se bornent pas à quelques cartouches isolés; ils sont

répandus par centaines, par milliers, sur des édifices
séparés, et il n'y a point de manuscrits enfouis dans leurs
enceintes qui ne se rapportent à ceux qui ont pris quelque
part à leur bâtisse. L'ovale contenant le nom d'Hadrien est
sculpté sur une colonne dont les hiéroglyphes ont été
exécutés immédiatement après son règne, comme l'apprend une inscription grecque. Le nom de Soter est répété
en caractères phonétiques parmi les hiéroglyphes du ca-
veau sépulcral d'un individu nommé Soter; et, ce qui est à
remarquer, ce nom est écrit en grec exactement après celui
d'Osiris, le docteur Young ayant constaté les noms des
personnes défuntes dans les hiéroglyphes du corps. Tant
de circonstances réunies constatent de plus en plus l'exactitude de l'alphabet hiéroglyphique, et la justesse des
conséquences qu'en a tirées M. Champollion.

Avant d'entreprendre de donner les noms phonétiques
des divinités égyptiennes, d'où sont dérivés presque tous
ceux des rois d'Égypte, selon l'ancienne remarque du docteur Murray [1], M. Salt fait mention d'une découverte in-
termédiaire qui prouve que les signes phonétiques étoient
déjà employés sous le règne de Psammetique, et M. Champollion fait même remonter cette époque beaucoup plus
haut. Comme ces signes avoient été appliqués à des noms
de rois étrangers, tels que les Ptolémées et les empereurs
romains, il étoit probable qu'on en avoit aussi fait usage
pour désigner les princes éthiopiens qui s'étoient rendus
maîtres de l'Égypte. Cette conjecture fut vérifiée. Sur des
dessins exécutés à Abydos, M. Salt déchiffra le nom de
ΣΑΒΑΚΟ ou ΣΑΒΑΚΟΦΘ avec la même terminaison qu'on
trouva depuis dans ΑΜΕΝΟΦΘ; et dans un dessin tiré d'un
petit portique de Medinet-Habou, il découvrit le nom de
ΤΙΡΑΚΑ, qu'il croit être le même que *Tirhakah*, roi d'É-

---

[1] *Summary view of Egyptian mythology*. App. au vol. II des *Voyages*
de Bruce.

thiopie, lequel fit la guerre à Sennakherib, roi d'Assyrie
(liv. des Rois, c. XIX. v. 9). Cette identité, une fois
admise, on en concluroit que les caractères phonétiques
étoient en usage sept cents avant Jésus-Christ, contempo-
rainement à Isaïe ; cela établiroit l'existence d'un souverain
nommé dans la Bible, mais que certains savans ont révo-
quée en doute. Sur les rocs gigantesques d'Éléphantine,
et sur un tronc de colonne du fronton du grand temple de
Karnak, et au-dessous du nom surajouté de Ptolémée,
M. Salt déchiffra très-aisément le nom de ΠΣΑΜΙΤΙΚ, écrit
phonétiquement. Ce nom se trouve aussi sur un des petits
temples d'Eleithias, sur l'obélisque Campensis, et sur celui
de Monte-Citorio, dont la gravure a été donnée par Zoëga
à la fin de son savant ouvrage sur l'emploi des obélisques.

Ensuite M. Salt rend un compte abrégé de quelques uns
des principaux dieux de l'Égypte et des images sous lesquelles ils sont représentés, avec leurs noms hiéroglyphiques ou phonétiques, autant qu'il lui a été possible de
les comprendre. Il commence par les huit plus anciens,
cités par Hérodote : voici comment il en détermine les
noms. 1. *Knùph* ou *Ich*, *Neuphi* ou *Kneuph*, représenté
symboliquement par un poulet qui garde une plume d'autruche, ou par une plume seule dans la position horizontale, ou par un pavillon indiquant Dieu, ou comme
l'Agathodémon, par l'image du serpent sacré qui entre
dans la célèbre réunion du globe, des ailes, et du serpent
qui se trouve à l'entrée de tous les temples de l'Égypte.
Le nom phonétique n'est pas connu. 2. *Neith*, l'une des
grandes déesses du firmament, représentée par une
figure humaine à tête de lion. Son nom phonétique est
NEET ou NΘ [1], auquel sont ordinairement joints l'oie et le

1 Ce cas se représente souvent, mais dans une telle combinaison avec
les symboles connus, qu'il ne laisse aucun doute sur sa signification véritable. Il peut servir à donner une idée plus claire de ce que nous en-

globe, avec la terminaison féminine signifiant idéografi-
calement fille du soleil. 3. *Phtha*, phonétiquement ΦΘΑ,
ayant pour emblème un scarabée, suivant Horus Apollo,
et représenté dans les temples sous la forme d'une figure
humaine avec un scarabée sur sa tête, quelquefois entourée
du globe et du serpent. 4. *Amun*, ordinairement représenté sous la forme humaine, de couleur noire, avec la
tête d'un bélier, surmonté du globe et du serpent; en
signe phonétique, AMN. 5. *Phré*, ou le soleil, désigné par
le globe entouré du serpent, et portant pour hiéroglyphe
le même emblème : l'on ignore ses attributs. 6. *Athor*,
sous la forme d'une femme, particulièrement coiffée d'un
globe où s'attachent deux petites cornes droites, et que
surmontent deux longues plumes. Son symbole est un
faucon inscrit dans un carré, avec un carré plus petit à
l'un de ses angles ; son phonétique est le plus souvent AΘP.
7. *Buto* ou *Maut*, représentant le firmament inférieur, et
désigné comme *Neith*, par la forme d'une autruche fe-
melle qui lui sert aussi de symbole : son nom phonétique
est MT. 8. *Mendes*, ou la faculté générative de la nature,
sous une forme humaine avec la tête d'un bouc proémi-
nente sur le front; ayant pour symbole un carré, un point,
et un poulet qui les surveille : nom phonétique inconnu.

Parmi les divinités du second ordre, M. Salt indique les
phonétiques et les symboles de 1° *Hermès*, ΕΡΜΣ ; 2° *Taut*
ou *Thoth*, ΤΤ ou Θ Θ, représentant la figure humaine avec
la tête d'un ibis; 3° *Osiris*, ΟΥΣΙΡΕ ou ΟΥΣΙΡΙ, désigné,
comme on sait, par un œil et un siége ou trône; 4° *Nepthe*,
ΑΝΕΦΘΕ ; 5° *Horus*, ΟΡΣ, désigné par un faucon ou la
figure d'un enfant qui porte une main à ses lèvres;
6° *Anubis*, ΑΝΦ, par la tête d'un renard, que l'on a pris

---

tendons par nom phonétique. Neith est toujours exprimé par un zigzag,
deux plumes et une paire de pincettes ; les noms coptes de ces objets
commencent respectivement par les lettres ou sons exprimant les lettres
N, E (répété) et T ou TH.

souvent pour celle d'un chien ; 7° *Seth* ou *Sothis*, ΣΘ, symbole inconnu ; 8° *Serapis*, ΣΑΡΠΙΙ ; enfin, 9° *Imouth*, l'Esculape d'Égypte, écrit ΙΜΟΥΘΦ, et confirmé par un papyrus où on lit : Ἀσκληπιοῦ ὅ ἐςι Ἰμούθου υἱὸς Ἡφαίστου. M. Salt donne ensuite une table figurée des rois et des reines d'Égypte dont les noms sont écrits phonétiquement. Puis il affirme que les caractères phonétiques ayant été employés à une époque très-reculée sur les bords du Nil, leur usage n'a pas dû être restreint aux noms de dieux, de rois ou de lieux. Cette opinion avoit déjà été établie par M. Champollion, à l'insu de M. Salt.

Nous sommes amenés naturellement au *Précis du système hiéroglyphique des anciens Égyptiens*. Cet ouvrage est d'un haut intérêt ; non-seulement il présente un tableau général des découvertes faites jusqu'à ce jour, mais il contient un grand nombre de recherches propres à éclaircir l'ancien système graphique des Égyptiens et à répandre beaucoup de lumières sur une partie de l'histoire ancienne jusqu'alors abandonnée aux doutes et aux conjectures. L'habile auteur entreprend de prouver : 1° que l'alphabet phonétique est applicable aux hiéroglyphes de toutes les époques de l'histoire d'Égypte ; 2° que cet alphabet est la vraie clef de tout le système hiéroglyphique ; 3° que les Égyptiens l'employoient constamment pour représenter les sons de leur langue ; 4° que toutes les inscriptions hiéroglyphiques sont en grande partie composées de signes purement alphabétiques ; 5° que différentes espèces de caractères, dont il entreprend d'apprécier la valeur, étoient employés simultanément dans les textes hiéroglyphiques. Enfin, de toutes ces propositions, dont chacune s'appuie sur un grand nombre d'exemples, il essaie de former une théorie générale de l'ancien système graphique des Égyptiens ; tâche difficile sans doute, mais qui est exécutée ingénieusement, savamment, et qui conduit aux plus curieux résultats. Voilà le tableau des entreprises de l'auteur. Nos

4

lecteurs pourront juger de l'étendue de ses succès, quand
ils auront parcouru le court exposé de ses éclaircissemens
et de ses preuves.

Mettant à part les endroits de l'ouvrage où M. Champollion conteste mal à propos, selon nous, la priorité à
M. Young, et ceux où il retrace les résultats déjà obtenus,
parlons de l'application de l'alphabet phonétique aux
groupes hiéroglyphiques et aux formes grammaticales
que l'on rencontre constamment dans les inscriptions. Et
d'abord :

Les groupes hiéroglyphiques les plus fréquens sont ceux
qui correspondent aux idées de *fils, sœur, enfant, nour-
risson, race, père, mère, sœur, roi, lieu.* 1. L'idée de fils
est représentée par trois groupes différens : le premier et
le plus commun est une oie, *s* ou *ch,* et une petite ligne
perpendiculaire *a* ou *e,* formant le mot *cha,* ou *che,* ou
ché, évidemment lié à la racine thébaine copte *cha,* oriri,
nasci, et le *chai* de Memphis, qui a la même signification,
qu'on retrouve dans les composés *chemót,* fils de père
(frère consanguin), *chenmau,* fils de mère (frère utérin),
et *chenson,* fils de frère ou cousin. Le second est formé
d'une ellipse ou ovale *s* et d'une petite ligne perpendiculaire *e,* d'où nous avons le mot *se* ou *si,* qui, dans le copte,
fait le nom propre *Horsiési,* Horus, fils d'Isis. [1] Le troisième se compose de la figure d'un enfant portant la main
à sa bouche, laquelle représente Σ dans le titre Σεϐαστός de
l'obélisque de la Villa Pamfili, et de la petite ligne verticale *e* ou *i,* formant comme ci-dessus le mot *se* ou *si.* Un
quatrième groupe, désignant la filiation, est écrit *mes,*
équivalent à la racine copte *mes* enasci, gignere, *mas* ou
mise natus, infans, pullus [2]. Observons toutefois que ce

1 M. Akerblad est le premier qui ait donné la signification de ce nom
propre copte.

2 Dans l'inscription de Rosette, ce mot, combiné avec deux caractères

groupe indique la descendance maternelle seulement,
tandis que le groupe *che* ou *si* désigne la paternelle : ainsi,
Hór che 'n Ousire mes 'n Ese, Horus, fils d'Osiris, né
d'Isis. 2. Le groupe exprimant père, lit *tue* ou *toue,* qu'on
rapporte aisément à la racine copte *taue, taoue,* producere,
proferre, dérivée elle-même de *to* dare, et *ouó* germen ¹.
3. L'idée de mère est désignée par un vautour ², l'un des
homophones d'M, et une espèce particulière de hache qui af-
fecte trois formes dans l'écriture égyptienne (par exemple,
dans le nom enchorique de Ptolémée), comme signe de la
voyelle *o* ou de la diphtongue *ou;* d'où l'on obtient *mou,*
analogue du copte bachmourique *meou,* mère, le thébain
maau, et le memphitique *mau,* qui a le même sens; ou par
l'addition d'un troisième caractère, le segment d'une
sphère, *t,* signe qui se rencontre fréquemment, nous aurons *mout,* le mot même que Plutarque a donné, comme
mère en égyptien, et comme l'un des surnoms d'Isis ³. 4. Le
groupe exprimant roi donne *stn,* qui dérive de *souten,* ou
soutón, ou *soouta,* regere, dirigere. 5. Le mot τόπος,
place, dans le texte grec de l'inscription de Rosette est
exprimé sur l'hiéroglyphe par un hibou, *m,* et un bras
étendu, *a; ma,* mot auquel le docteur Young a mal à
propos attribué la signification de père.

qui signifient *jour,* correspond à τὰ γενέθλια du texte grec où l'on parle
de la célébration du jour de naissance du roi.

1 Cette étymologie paroit peu fondée. *Toue,* père, doit être un mot
compacte; il n'est sûrement pas composé. (*Note du traduct.*)

2 Horus Apollo, *Hierogl.* I, 12, nous apprend que pour désigner
mère, les Egyptiens peignoient un vautour, ἐπειδὴ ἄῤῥεν ἐν τούτῳ τῷ γένει
τῶν ζώων ἐχ ὑπάρχει.

3 Ἡ δ᾽ Ἶσις ἐςιν ὅτι καὶ ΜΟΥΘ καὶ πάλιν Ἀθύρι..... Σημαίνουσι δὲ τῷ μὲν
πρώτῳ τῶν ὀνομάθων ΜΗΤΕΡΑ, τῷ δὲ δευτέρῳ κ. τ. λ. *De Iside et Osiride.* Un
fait confirme le renseignement de Plutarque; toutes les fois que la représentation d'Isis se rencontre sur un monument, elle est accompagnée de
la légende : *Ese djermout,* Isis puissante mère. Les Grecs, confondant
cette qualification avec le nom propre, l'ont écrit Θερμοῦθις.

Passons aux signes qui représentent des formes grammaticales, telles que les genres, nombres, personnes et
temps.

1. La marque ordinaire du féminin est le segment
d'une sphère équivalent à T dans tous les noms propres,
et répondant à l'article féminin copte indiqué par la même
lettre : ainsi, *t-che* la fille, *t-sen* la sœur, et *t-mou* la mère.
Mais dans les inscriptions hiéroglyphiques l'article féminin
est quelquefois placé à la fin du groupe; voilà pourquoi
on rencontre quelquefois *mou* mère, et quelquefois *mout*
la mère, quoique le copte n'offre point d'exemple de cette
inversion. Dans le copte, l'article masculin est *P*, dont
l'équivalent, dans les textes hiéroglyphiques, est un carré
strié, signe constant de la lettre Π dans toutes les inscriptions grecques et romaines.

2. Le pluriel des noms est exprimé soit par des signes
préfixes soit par des terminaisons. Les signes sont la
ligne brisée ou horizontale, N, et le vase qui équivaut à
NE ou NI. Les terminaisons sont, ou deux petits traits perpendiculaires indiquant la duallité, ou trois pour le pluriel indéfini. Ces trois petites lignes sont quelquefois pré-
cédées du lituus ou de la caille, et, rendues par l'alphabet
phonétique, sont équivalentes aux terminaisons du pluriel
copte *oue* ou *oui*.

3. Comme dans le copte certains mots qualifians sont
formés par le pronom conjonctif *nt* (qui), de même dans
les textes hiéroglyphiques quelques groupes exprimant
des qualités, ou autrement dit, employés adjectivement,
commencent par le vase et le segment de sphère, les signes
phonétiques de *nt*.

4. On n'a encore trouvé qu'un seul exemple d'un pronom, sujet d'une proposition, représenté par un groupe
séparé; c'est le pronom de la troisième personne au singulier masculin qui est écrit *ntoph*, qui représente à la
lettre le mot équivalent en copte. Mais on rencontre de

nombreux exemples de pronoms de la seconde et surtout
de la troisième personne, combinés avec des noms ou des
verbes, tantôt comme préfixes, et le plus souvent comme
affixes. Ainsi *nph*, ou simplement *ph*, étant équivalent
au copte *naph* ou *neph* qui est masculin, et S étant équivalent au copte *nes* qui est l'affixe féminin de la troisième
personne, nous avons *toueph* père de lui, *toues* père d'elle ;
moutph ou *t-mouph* la mère de lui, *mouts* la mère d'elle ;
cheph le fils de lui, *ches* le fils d'elle ; *t-cheph* ou *chetph*
la fille de lui, *t-ches* ou *chets* la fille d'elle ; *suph* le frère
de lui, *sns* le frère d'elle ; *tsnph* ou *s-ntph* la sœur de lui,
snts la sœur d'elle.

5. En copte, la préposition *'n*, placée devant un nom,
indique le génitif ; et dans les hiéroglyphes, la ligne brisée,
l'un des homophones d'N, remplit la même fonction. Aussi
dans toutes les légendes hiéroglyphiques placées à côté de
la représentation du dieu Horus, nous lisons soit *Hór ché
'n Ousiré*, Horus le fils d'Osiris, ou *Hór ché Ousiré ms
'n Ese*, Horus, fils d'Osiris, né d'Isis.

6. Dans la portion hiéroglyphique de l'inscription de
Rosette on lit des verbes à trois temps différens : le présent, le passé et le futur, mais seulement à la troisième
personne du singulier. Les signes caractéristiques de ces
temps, pris phonétiquement, ne sont pourtant que les préfixes et les affixes du copte. Ainsi, la troisième personne
du pluriel présent est indiquée par le signe recourbé
ou les deux sceptres Σ préfixes, ou groupe qui représente
le verbe, et équivalent au préfixe copte *se*. En outre, la
troisième personne de ce qui paroît un temps passé est indiquée par l'affixe d'un serpent à cornes (Φ) si le sujet est
masculin, et s'il est féminin, par celui de deux sceptres Σ.
On retrouve des traces de ces formes dans l'un des temps
passés du verbe *djó*, dicere ; en thébain, *pedjai*, *pedjak*,
pedje, *pedjas* ; dans le dialecte de Memphis, *pedjéi*,
pedjak, et dans le bachmourique, *pedjai*, *pedjak*, *pedje*,

pedjaph, pedjas. Enfin, la troisième personne du futur pluriel; ce temps et cette personne, dans les neuf dernières lignes du texte hiéroglyphique de Rosette, sont marqués par un groupe de trois caractères : le signe recourbé ou les deux sceptres Σ, la ligne brisée N, et les trois lignes perpendiculaires I ou E; d'où l'on obtient *sne*, équivalent au bachmourique *sene*, et *sena* dans les dialectes de Thèbes et de Memphis, lequel est la marque caractéristique de la troisième personne du pluriel au futur défini dans le copte.

Le troisième objet de recherches, c'est-à-dire l'interprétation des noms propres hiéroglyphiques des divinités égyptiennes, présente aussi un grand intérêt. Mais le compte que nous avons rendu des travaux de M. Salt, et l'étendue du catalogue contenu dans l'article ÉGYPTE, borneront notre analyse aux résultats obtenus et aux corrections indiquées par M. Champollion.

Les images de dieux et de déesses qui couvrent en Égypte les monumens de tous les ordres, sont toujours accompagnées de légendes hiéroglyphiques commençant par trois ou quatre caractères dont le sens est : voici l'aspect, le mode d'existence, la présence, ou la ressemblance, et cette formule est suivie de la préposition *n*, exprimée par la ligne brisée ou horizontale, après quoi vient le nom du dieu ou de la déesse. Ce nom est toujours écrit du même caractère phonétique que celui des simples individus; mais au lieu du caractère figuratif, homme, qui se trouve à la fin du nom de ces derniers, il est toujours terminé par le signe idéographique de dieu ou déesse, signe dont la signification a été déterminée par la comparaison du grec avec l'hiéroglyphique et l'enchorial du texte de Rosette. Cette formule initiale et le caractère qui termine font aisément reconnoître les divinités de l'Égypte.

1. Le témoignage des écrivains grecs ne permet pas de douter que le dieu représenté sur les monumens avec la

tête d'un faucon, entouré d'un globe ou disque, ne soit
῾Ηλιὸς, ou le soleil, appelé en égyptien, *Ré, Ra, Ri* et
Phré. M. Champollion a construit le nom phonétique Rê,
qui étoit échappé à la sagacité de M. Salt. 2. *Ammon,
Amoun,* ou *Amun,* la principale divinité de Thèbes, représenté avec une tête de bélier, et que les Grecs assimiloient à leur Ζεὺς, est lu par M. Champollion AMN, comme
M. Salt l'avoit fait avant lui. 3. Il a découvert sur les peintures et bas-reliefs une seconde divinité à tête de bélier,
mais distinguée de la premiere soit par un *uraeus* placé
entre ses cornes, ou par une coiffure fort compliquée où
se trouve un disque solaire et un ou plusieurs *uraei*.
Comme le précédent, ce dieu porte le nom de AMN, quelquefois celui de *Amon-ra,* ou *Amon-ré,* mais plus souvent
un troisième nom qui varie jusques à quatre fois, NB,
NOUB, NM et NOUM. Si nous prononçons le B du nom
NB à la manière copte, comme un V ou un F, nous avons
NEV ou NEF, le dieu Κνὴφ qui, selon Plutarque, étoit la
divinité principale de la Thébaïde; de même, dans NOUB
(nouf) nous reconnoissons le ΚΝΟΥΦ-ισ de Strabon, lequel est identique au Κνὴφ de Plutarque et d'Eusèbe.
D'autre part, si nous prononçons NOUB simplement, nous
trouvons le ΧΝΟΥΒ-ισ de l'inscription des cataractes, ῎Αμμωνι
τῷ καὶ Χνούβει, et des abraxas *Ammon-Chnubis,* de l'inscription latine qu'a trouvée Belzoni dans les carrières de
Syène. Enfin dans la variation NOUM, nous découvrons
aussi le ΧΝΟΥΜ-ις des abraxas, qui portent également Χνοῦφις, Χνούβις et Χνοῦμις, et prouvent que ces noms différens
se donnoient à la même divinité, représentée sous la
forme d'un serpent. ¹ 4. *Phta,* particulièrement adoré

¹ Tous les détails que nous ont transmis les écrivains grecs sur la
manière dont les Égyptiens représentoient Ammon-Knêph, Ammon-
Chnouphis, ou Ammon-Chnoumis, sont parfaiement applicables au dieu
dont les noms hiéroglyphiques nous ont donné AMN, NB, NOUB et NOUM.

à Memphis, et que les Grecs assimiloient à leur Ἡφαιστος
passoit, suivant Eusèbe, pour le fils du dieu *Knéph*,
ou Ammon-Cnouphis ou Chnubis. Une autre divinité,
σύνναος θεός, se trouve constamment placée à côté des
images de *Demiurgos*, sculptées sur les bas-reliefs de
Thèbes, Ipsambul, Edfou, Ombos et Philæ. Elle est ca-
ractérisée soit par un disque solaire et un croissant qui
surmonte sa coiffure, soit par le sceptre ordinaire aux dieux
combiné avec le nilomètre, une croix, un fouet et une
balance; ou elle est enveloppée depuis le col jusqu'aux

Eusèbe nous apprend que les Égyptiens représentoient le *Demiurgos*, ou
créateur du monde, qu'ils nommoient Knéph, sous une forme humaine
de chair bleue, entourée d'une ceinture, tenant un sceptre, et cou-
ronnée ou coiffée de plumes. Porphyre confirme ce renseignement :
« Hujus porrò Κνὴφ imaginem, inquit, humanâ formâ depingunt, co-
» lore cæruleo, zonam tenentem et sceptrum, pennam gerentem in
» capite; ovum ab ore producit, à quo nascitur deus quem Ægyptii
» *Phta*, Græci *Vulcanum* vocant. » Eusèbe dit aussi que Knêph étoit
représenté sous l'emblème d'un serpent, et nous avons vu que sur les
abraxas les noms de Χνοῦφις, Χνοῦϐις, Χνοῦμις, sont accompagnés de
l'image d'un serpent. De plus, dans les monumens les plus anciens
de l'Égypte, on voit cette divinité ayant quelquefois un *uraeus* sur la
tête; mais elle est ordinairement précédée ou suivie d'un énorme serpent qui se cache en quelque sorte sous la multiplicité de ses anneaux.
Eusèbe nous apprend aussi que Knêph étoit regardé par les Égyptiens
comme Ἀγαθοδαίμων, et qu'en cette qualité il étoit représenté par un
serpent; et c'est une chose digne de remarque, que le surnom de
Νεοαγαθοδαίμων donné à l'empereur Néron sur celles de ses médailles
qui ont été frappées en Egypte, est joint à l'image d'un énorme serpent
barbu et portant sur sa tête une coiffure symbolique. Enfin les deux
inscriptions grecque et latine ci-dessus mentionnées, où se trouve le
nom d'Ammon-Chnoubis, ont été trouvées, l'une dans l'île de Sehélé,
près de Syène, et l'autre à Syène même; c'est-à-dire à peu de distance
de l'île d'Éléphantine, où Strabon place le temple de Κνοῦφις, et où,
suivant Eusèbe, cette divinité avoit une forme humaine, la tête d'un
bélier surmontée d'un disque, et le corps peint en bleu. De tous ces
rapprochemens, il résulte que le dieu nommé dans les hiéroglyphes
Neb ou *Nef* (*Noub* ou *Nouf*, et *Noum*) est le même qu'*Ammon*, et la
divinité que les Grecs appellent *Knéph*, *Chnuphis* et *Chnumis*. (Voyez
le *Précis*, pages 90-92.)

pieds d'un vêtement étroit qui ne laisse de liberté qu'aux mains armées du sceptre : on ne peut douter que ce ne soit la vraie représentation de *Phta*, puisque le groupe phonétique, placé à côté de la figure, exprime ce nom en *caractères phonétiques*. Ici nous avons la preuve complète de l'assertion d'Eusèbe, que Phta passoit pour le fils de Knêph, ou Ammon-Chnouphis, le Demiurgos de la mythologie égyptienne. Parmi les titres que le décret de Rosette donne à Ptolémée Épiphane, se trouve celui de *Mai-Phta*, ἠγαπημένος ὑπὸ τοῦ Φθὰ, aimé de Phta. 5. Le nom *Petbé*, que les Grecs nomment *Kronos*, et les Romains *Saturne*, a été trouvé dans un manuscrit copte du musée Borgia. 6. Parmi d'autres noms de divinités égyptiennes gravés sur une inscription grecque, découverte à Sehélé, entre Éléphantine et Philæ, est celui d'une déesse appelée ΣΑΤΗ-Σ ou ΣΑΤΙ-Σ, mentionnée immédiatement après Ammon-Chnoubis et correspondant dès lors au grec Ἥρα et au latin *Juno*. Mais sur le bas-relief la figure d'Ammon est toujours accompagnée de celle d'une déesse, dont le signe distinctif est une large plume implantée dans sa coiffure, et dont le nom hiéroglyphique interprété phonétiquement se lit *Satè* ou *Sati*, évidemment le même que Σάτης ou Σάτις de l'inscription grecque. 7. Parmi les noms de divinités les mieux connus, ceux qu'a déchiffré M. Champollion sont : Anubis, fils d'Osiris et de Nepthé, écrit *Anb* et *Anebó*, et distingué par la tête d'un chakal que les Grecs ont prise pour celle d'un chien; Osiris, époux d'Isis, écrit *Aroeri*, *Harorei* ou *Haroueri*; y joints *Horus*, *Apis*, *Anubis*, *Besa*, *Sokharis* et *Thermouthis*. Tous ces exemples prouvent que les Égyptiens écrivoient en caractères phonétiques les noms de leurs dieux et ceux de leurs déesses.

L'application de l'alphabet phonétique aux noms propres des individus des deux sexes a produit des résultats aussi curieux qu'intéressans. Les écrivains grecs nous ont conservé beaucoup de ces noms, de divinités surtout, dont

les épithètes s'expliquent aisément à l'aide de la même analyse. Ainsi Ἀμονταῖος signifie donné par Ammon ; Νίτωκρις
Neith victorieuse ; Ἄθοθις, engendré par Thot ; Μάρις ou Μᾶρις,
don de Rê ou du soleil ; Σεμφουκράτης , Hercule-Harpocrate ;
Θομαέφθα, le monde ami de Phta ; Πάησις, consacré à Isis ;
Πάνουφις, consacré à Chnouphis ; Παθερμοὖτ, consacré à Ther-
muthis ; Πέτησις, qui appartient à Isis ; Πετόσιρις, qui appartient à Osiris ; Μάησις, don d'Isis ; Ψεναμοὖν, enfant d'Ammon ;
Σένοσορ, fils d'Osiris, etc. La même observation est applicable
aux noms déchiffrés par M. Champollion ; ils montrent tous
que la croyance religieuse des anciens Égyptiens étoit liée
étroitement à leur organisation sociale, et à toutes les
circonstances de leurs usages et de leur vie privée. Ainsi
nous voyons *Petamon,* celui qui appartient à Amon ;
Petamonré , celui qui appartient à Amonré ; Amenof
Ἀμένωφις, abréviation d'Amenoftep Ἀμενώφθης, agréé d'Amon ;
Amontet, qui obéit à Amon ; Phtahaftep ou Ptahftep, agréé
de Phtha ; Ftep-an-Ptah, Ftep-Ptah, approuvé par Ptah ;
Ptahdjer, ou Ptadjor, le puissant Ptah ou puissant par
Ptah ; Pethôrprê, qui appartient à Horus et au soleil ;
Peteprê ou Petephrê (selon M. Champollion, identique au
Putiphar de l'Écriture, lequel, dans le texte de la Genèse
copte, est toujours écrit Petephrê), celui qui appartient à
Rê ou au soleil ; Isidjer ou Isidjor, Isis la grande ou la
puissante ; Hatôrchê, masculin, et Hatorchet, féminin ,
enfant d'Athor ; Hôr-Amon, Horus-Ammon ; Horsiêsi, Horus, fils d'Isis, et Hamon-Horsiêsi, Ammon-Horus, fils
d'Isis. Tous ces exemples prouvent qu'en Égypte les noms
propres du pays étoient écrits phonétiquement, et par
conséquent, que le docteur Young, dans l'article ÉGYPTE,
et M. Champollion après lui, dans sa première lettre à
M. Dacier, se sont trompés quand ils ont avancé que l'emploi des hiéroglyphes phonétiques étoit borné chez les
Égyptiens à la transcription des mots et des noms propres
étrangers à ce peuple.

L'ingénieux et infatigable Français ne s'est point arrêté là ; il a analysé les titres et qualifications royales, inscrites sur les plus anciens monumens, et démontré qu'avant l'invasion des Perses, les Égyptiens faisoient usage dans leurs hiéroglyphes de caractères qui représentoient les sons et les mots propres à leur langage national ; et de plus, que ces mots sont exprimés par des signes semblables, pour leur forme et leur valeur, à ceux que l'on employa depuis pour transcrire les noms et les qualifications des empereurs grecs et romains. Par la lecture des noms hiéroglyphiques gravés sur les divers monumens, il a non-seulement constaté la haute antiquité du système phonétique, mais, dans plusieurs cas, il a fixé l'époque de la construction de ces monumens. Terminons notre travail par quelques exemples relatifs à cette dernière découverte.

Dans la lettre à M. Dacier, il est prouvé, par une suite de faits non interrompue, que les Égyptiens ont écrit phonétiquement depuis l'époque de la conquête de leur pays par Alexandre jusqu'à la fin du règne d'Antonin, c'est-à-dire depuis l'an 332 avant Jésus-Christ jusqu'à l'an 161 de l'ère vulgaire ; autrement, pendant cinq cents ans à peu près. Mais la conquête par les Perses avoit précédé celle d'Alexandre de cent quatre-vingt-treize ans ; et la seconde question étoit de savoir si, dans l'intervalle entre les deux conquêtes, et même avant la première, on pourroit découvrir des traces de ce système graphique. Ce point, une fois décidé affirmativement, l'évidence devenoit complète. Les résultats suivans mettront le lecteur à même de se former une opinion.

1. Sur l'inscription d'un vase d'albâtre appartenant au cabinet du roi, et d'une antiquité très-reculée, M. Champollion a déchiffré le nom de Xerxès, écrit *Khchearcha* (nom persan de ce prince), sans autre omission que celle d'une seule voyelle ; et ce qui semble mettre cette manière de lire au-dessus de toute espèce de doute, c'est que le

même vase présente une autre inscription en caractère per-
sépolitain (l'ancien persan), où M. de Saint-Martin lit
aussi *Khchearcha* : nouvelle et surprenante confirmation
du système phonétique. Le nom hiéroglyphique de Xerxès
est accompagné de cinq caractères dont la valeur phonétique donne le mot *Ierina* ou *Iriena*, le même qu'*Iéré*,
Iranien ou Persan.

2. Dans la vingt-neuvième dynastie (celle de Mende-
siens), Manethon place un roi dont le nom est écrit Ἀχωρις,
le Ἀχορις de Diodore de Sicile ; et ce prince eut pour prédécesseur et pour successeur deux princes du nom de
Νεφερίτης comme Manethon écrit, et Νεφερεὺς Diodore. Sur
deux sphinx dont le style approche de celui des sculptures exécutées sous les rois grecs d'Égypte, nous trouvons les noms hiéroglyphiques d'un roi Hakr (Ἀχορ-ις)
et d'un roi *Naifroué* ou *Naifroui* évidemment identiques,
selon nous, à *Nephereus* ou *Nepherites*.

3. Sur l'obélisque Campensis qu'Auguste fit transporter
à Rome et placer dans le Champ-de-Mars, comme gno-
mon, et que l'on crut d'abord l'ouvrage d'un Pharaon,
(Pline, Hist. Nat. XXXVI, 8, 9 et 10), on lit (voyez la
gravure de Zoëga) le nom *Psmtk* ou *Psmtg*, l'abrégé de
Psammeticus, Psammitichus ou Psammetichus, un des
rois les plus célèbres de l'Égypte, le même qui ouvrit
aux Grecs les portes de ce royaume, encouragea le commerce et favorisa les arts. M. Champollion prouve que le
nom gravé sur cet obélisque est celui de Psammétique Iᵉʳ,
qui vivoit cent vingt ans avant la conquête des Perses.

4. Suivant Manethon, le second roi de la vingt-troisième dynastie (la *Thanite*) portoit le nom de Ὀσορθος
ou Ὀσόρθων ; et sur un obélisque de granit à Héliopolis est
gravé le nom d'un prince appelé *Ousortasen* ou *Osortasen;*
ce nom se trouve aussi sur une petite statue en cornaline,
dans le cabinet de M. Durand, accompagné de la légende :
le fils du Soleil aimé de Phtha. Deux colonnes arrivées

depuis peu d'Égypte confirment la version ci-dessus, et prouvent l'identité du roi mentionné par Manethon, avec le prince dont le nom hiéroglyphique est *Osortasen* (*Précis,* 197 à 200).

5. Les mêmes monumens nous font connoître d'autres personnages des deux sexes appartenant à la vingt-troisième dynastie : comme *Ptahaftép* (le *Petubastes* des Grecs), père d'Osorthos ; *Ran* son épouse ; *Psdjam, Psammus,* ὃν Ἡρακλέα Αἰγύπτιοι ἐκάλεσαν fils et successeur d'Osorthos ; *Amonchet,* fille d'Osorthos, et sœur de Psammus ; *Beba* ou *Bebo* femme de *Psammus ;* et *Amonraou* son fils, probablement le dernier rejeton des Tanites.

6. Le chef de la vingt-deuxième dynastie (la *Bubastite*) est appelé par Manethon Σέσογχις ou Σεσόγχωσις, le Pharaon qui, dans l'Écriture, est nommé *Sesak, Chichak,* et qui sous le règne de Jéroboam, petit-fils de David, pilla Jérusalem et emporta tous les boucliers d'or qu'avait fait Salomon (1. Rois XIV, 25, 26). Sur une des colonnades qui décorent le grand palais de Karnak sont deux légendes royales : le prénom de la première contient le titre d'*approuvé du soleil,* suivi de *bien aimé d'Amon, Chechonk,* évidemment le *Sesonchis* de Manethon : sur la seconde nous lisons le *bien aimé d'Amon, Osorkon;* et nous apprenons que le roi appelé Ὀσόρχων, qu'on a quelquefois confondu avec Ὀσορθον, étoit le successeur immédiat de *Sesonchis.* Cette conséquence est confirmée par beaucoup d'autres inscriptions.

7. Ensuite M. Champollion déchiffre le nom de Pharaon, chef de la dix-neuvième dynastie (une des *diospolitaines*) qui, sur presque tous les monumens de l'ancien style, est écrit *Rémses, Ramses, Amon-mai-Ramses, Amon-Ramses-mai;* il établit que c'est *Rhameses-le-Grand,* appelé *Sethosis* par Manethon, *Sesoosis* par Diodore de Sicile, et *Sesostris* par Hérodote et Strabon. La

preuve de cette idendité est irrésistible et mérite l'attention de tous les savans.

. 8. Enfin dans la dix-huitième dynastie, aussi diospoli-
taine, il déchiffre les noms de *Meiamoun-Ramses*, de
Ramses Ier, d'*Amenophis II* (que les Grecs appeloient
Memnon, se méprennant sur le titre de *Meiamoun* ou
aimé d'Ammon), d'*Amenophis Ier*, et enfin celui de
Thouthmosis le fondateur. [1]

M. Champollion, dans le cours de ses recherches, a
constaté l'exactitude de la chronologie de Manethon,
comme nous l'ont conservée Jules l'Africain et Josèphe, et
qui avoit été jusqu'ici traitée par les savans avec un dédain
qu'elle ne mérite pas.

Nous terminerons cet exposé par un abrégé synoptique

---

[1] Ces résultats ont été évidemment confirmés par la table généalo-
gique d'Abydos, dont la gravure est en tête de l'*Essai* de M. Salt, et
qui, entre autres choses, contient les noms des rois égyptiens de la
dix-huitième dynastie, rangés dans le même ordre que celui qu'a donné
Manethon. Cet intéressant monument a été découvert par M. W. J.
Bankes, dans une excavation qu'il faisoit pratiquer pour obtenir un plan
exact des vastes ruines d'Abydos. Bientôt après son retour en Angleterre, il en a fait lithographier le dessin, et des exemplaires en ont été
distribués en Angleterre et en France. M. Champollion ne pouvoit
ignorer ce fait. Dans sa lettre au duc de Blacas, publiée la même année
que le *Précis*, il représente expressément ce monument comme « un
» tableau précieux, *dont une copie est depuis plusieurs années dans*
» *les portefeuilles de M. W. Bankes en Angleterre* »; mais il ne dit pas
un mot qui puisse faire penser que cette découverte soit due aux travaux
de M. Bankes. Et, dans le *Précis*, il affirme que c'est un texte hiéroglyphique d'un haut intérêt, « *et dont le dessin a été apporté par notre*
» *courageux voyageur M. Cailliaud* », laissant croire que la découverte
en est due à ce même voyageur. Nous avons eu déjà l'occasion de signaler
son manquement d'égards pour M. Young qui, dans la vraie accep-
tion du mot, *a été son maître*. M. Bankes a rendu également de grands
services à la science des hiéroglyphes. C'est à lui qu'on doit la première découverte du nom de *Cléopâtre*, et le transport de l'obélisque
de Philae. Sur le premier point, M. Champollion *s'est tu*; il a fait honneur du second à ce pauvre Belzoni qui, s'il eût vécu, auroit rejeté des
éloges qui appartenoient à un autre.

des élémens de l'écriture hiéroglyphique tels qu'on les peut déduire des recherches de M. Champollion.

Le système graphique des anciens Égyptiens se composoit de trois sortes d'écritures : I, l'HIÉROGLYPHIQUE ou *sacré* ; II, l'HIÉRATIQUE ou *sacerdotal* ; III, le DÉMOTIQUE ou *populaire*, appelé aussi ENCHORIQUE et *épistolographique*.

I. L'écriture HIÉROGLYPHIQUE ou *sacrée* consistoit dans l'emploi simultané de trois signes distincts : 1° les *caractères figuratifs*, qui représentoient exactement l'objet à exprimer ; 2° les *caractères symboliques, tropiques* ou *énigmatiques*, qui exprimoient une idée par l'image d'un objet physique, ayant avec elle une analogie vraie ou fausse, directe ou indirecte, voisine ou éloignée ; et 3° les *caractères phonétiques*, qui, par l'image des objets physiques, représentoient simplement des sons.

Les caractères *figuratifs* et *symboliques* sont employés dans les textes hiéroglyphiques en plus petite proportion que les *phonétiques*, qui sont les véritables signes *alphabétiques* exprimant les sons de la langue usitée dans l'ancienne Égypte.

Les caractères phonétiques se combinent pour en former des mots comme ceux de tout autre alphabet, mais ils sont susceptibles d'un arrangement différent. Placés en lignes horizontales, ils se lisent de droite à gauche, ou dans le sens inverse, selon la direction des figures principales ; placés sur des colonnes perpendiculaires, ils se lisent ordinairement de front en arrière. Dans les mots écrits phonétiquement, les voyelles médiales sont souvent supprimées, comme dans l'hébreu, le phénicien, l'arabe et la plupart des langues orientales. Chaque son ou articulation peuvent être représentés par différens signes *homophones*; mais l'emploi de l'un préférablement à un autre semble avoir été déterminé par des considérations nées de la forme matérielle du signe et la nature de l'idée à représenter par le caractère phonétique. Les textes

hiéroglyphiques offrent aussi de fréquentes *abréviations*
des groupes phonétiques.

Dans le même texte hiéroglyphique, certaines idées
sont représentées quelquefois par un caractère *figuratif*,
quelquefois par un *symbolique*, et d'autres fois encore
par un groupe de signes *phonétiques*, exprimant le mot
qui est le signe de la même idée dans la langue parlée.
D'autres idées sont toujours exprimées soit par un *groupe*
formé de signes figuratifs et symboliques, soit par l'union
de signes figuratifs, symboliques et phonétiques.

II. L'écriture HIÉRATIQUE ou *sacerdotale* dérive immédiatement de l'*hiéroglyphique*, dont elle est, à proprement
parler, la tachygraphie. La forme de ses signes est singu-
lièrement abrégée, mais néanmoins ils comprennent les
caractères *figuratifs, symboliques* et *phonétiques*, quoique
les deux premiers soient quelquefois remplacés soit par
des caractères *phonétiques* ou même *arbitraires*, c'est-à-
dire n'ayant point d'hiéroglyphes correspondans d'où
nous puissions reconnoître qu'ils dérivent.

Tous les manuscrits *hiératiques* existans, soit qu'ils
appartiennent à l'époque des Pharaons ou à celle des Grecs
et des Romains, n'offrent qu'une tachygraphie de l'écriture hiéroglyphique, bien que quelques uns de leurs
caractères paroissent en différer. Cette méthode étoit
vraisemblablement employée pour la transcription des
textes relatifs aux matières religieuses.

III. L'écriture DÉMOTIQUE, ÉPISTOLOGRAPHIQUE ou EN-
CHORIQUE, diffère de l'*hiéroglyphique* et de l'*hiératique*
dont elle dérive cependant immédiatement. Les signes
employés dans la démotique sont de simples caractères
empruntés de l'hiératique. La *démotique* exclut à peu
près la *figurative*, mais elle admet des signes *symboliques* pour exprimer des idées relatives à la religion. Les
caractères dont elle fait usage sont moins nombreux que
dans les autres méthodes, et contiennent des phonétiques

en plus grande proportion. Les mots ou voyelles médiales, qu'ils soient égyptiens ou étrangers, y sont souvent supprimés comme dans les textes hiéroglyphiques et hiératiques ; on y peut exprimer les consonnes et les voyelles au moyen de quelques signes qui, différens pour la forme, indiquent pourtant le même son. Cependant le nombre des homophones démotiques n'égale pas celui des hiéroglyphes ni des hiératiques. [1]

Pendant un long temps les Égyptiens usèrent simultanément des méthodes *démotiques, hiératiques* et *hiéroglyphiques.*

Tel est le tableau passablement complet des découvertes obtenues dans la littérature hiéroglyphique par la sagacité et la persévérance réunies de MM. Young et Champollion ; nous avons aussi indiqué, en passant, les résultats qui ont couronné leurs glorieux travaux. L'importance de ces résultats, quant à l'histoire, est immense, abstraction faite de leur rapport avec le système graphique de l'Égypte. Les noms des princes les plus célèbres, Misphrathouthmosis, Thouthmosis, Amenophis, Rameses-Maiamoun, Rameses-le-Grand, Sesonchis, etc., ont été déchiffrés sur des monumens construits de leur temps ; après avoir été long-temps abandonnés comme fabuleux, ils sont rentrés dans le domaine de la certitude historique. La chronologie de Manéthon, que des érudits présomptueux avoient si long-temps méprisée, a été réhabilitée dans tous ses points, d'abord

---

[1] La plupart des papyrus qui ont été examinés sont écrits de cette manière ; et c'est à les déchiffrer que le docteur Young s'est distingué particulièrement. On peut regarder son alphabet enchorique comme presque complet, et par ce moyen, il a entièrement traduit deux de ces manuscrits. Par un singulier hasard, on a trouvé plus tard, dans l'enveloppe de la même momie une traduction grecque d'un de ces textes hiéroglyphiques ; et la traduction du savant Anglais en a pu supporter la dangereuse comparaison.

par les recherches de M. Champollion, ensuite, par la
découverte d'un monument inappréciable, la table d'Abydos. Enfin les erreurs, qui avoient si long-temps prévalu
relativement au contenu des hiéroglyphes, et sur l'antiquité comparative des monumens égyptiens, ont été
réfutées, et ne pourront plus renaître ; et nous avons
l'espoir de voir chaque jour de nouvelles lumières se répandre sur l'histoire de la nation la plus ancienne du
monde. Si l'on nous objectoit la *modicité* de ce qui a été
fait jusqu'à ce moment, nous répondrions que ce nouvel
art est encore dans l'enfance, et que le peu qui a été opéré
est né lorsqu'on n'avoit encore connoissance de *rien*. Sans
doute *un grand obstacle à des découvertes futures existe
dans la nature composée du système graphique de l'ancienne Égypte,* et particulièrement dans la difficulté d'expliquer les symboles idéographiques qui constituent l'un
de ses élémens. Mais heureusement ces symboles, com-
parés à la somme totale des signes hiéroglyphiques, sont
peu nombreux ; et l'on peut espérer que, par la méthode
d'épuisement employée déjà avec tant de succès, et surtout par la découverte d'inscriptions nouvelles, accompagnées de traductions, l'on parviendra à déchiffrer non-
seulement *quelques noms propres, quelques mots qui se
reproduisent souvent, et quelques formes grammaticales,*
mais à expliquer des inscriptions entières, et à posséder
une pleine connoissance de ces sculptures sacrées qui
étoient restées jusqu'à ce jour un mystère pour nous.

Il a paru, l'année dernière, deux productions nouvelles, relatives à l'ancienne écriture de l'Égypte : le ma-

gnifique ouvrage du professeur SEYFFARTH[1], et une lettre du
docteur YOUNG au *Comte Pollon*, laquelle contient des
Remarques sur le compte qu'a rendu M. *Peyron* d'un
papyrus égyptien[2]. Les travaux de M. Seyffarth paroissent
avoir excité une grande curiosité sur le continent, et particulièrement en Allemagne ; et l'on a soutenu hardiment,
dans le *Journal de Leipsig*, qu'il avoit démontré la fausseté des prétendues découvertes que l'on se vante d'avoir
faites, en Angleterre et en France, sur les hiéroglyphes.
Cette assertion est également dépourvue de vérité et de
modestie. Heureusement, c'est ici une question non de
simple érudition, mais d'évidence, et les archéologues
germains n'en sont pas les juges uniques. D'ailleurs, les
Remarques que M. Young vient de publier prouvent irré-
fragablement la solidité et l'importance de la découverte
dont il s'agit. L'on ne conçoit pas facilement qu'un principe soit faux, lorsqu'il en découle des résultats vrais et
confirmés par l'histoire. [3]

1 *Gustavi Seyffarthi Prof. Lips. Rudimenta Hieroglyphices : accedunt
Explicationes Specimuuum Hieroglyphicorum, Glossarium, atque Al-
phabeta; cum XXXVI. tabulis lithographicis.* Lipsiæ, cɪɔɪɔcccxxv.
4to.

2 Memoric di Torino, XXXI, 1826.

3 Les résultats discordans et contradictoires auxquels étoient arrivés
les écrivains anciens et modernes, devoient prévenir en général contre
toute possibilité de déchiffrer jamais les monumens de l'ancienne
Égypte. Mais si le lecteur fait une attention sérieuse au témoignage que
nous allons fournir, il reconnoîtra qu'avant les recherches du Dᵣ Young
on n'avoit fait aucune investigation méthodique, et qu'on s'étoit con-
tenté de substituer des conjectures ridicules à des conjectures frivoles.
Suivant Horus Apollo, ces écrits mystérieux contenoient des indica-
tions obscures des choses sacrées et profanes ; selon Clément d'Alexandrie et Plutarque, des sentences morales ; selon Hermapion cité par
Ammien Marcellin, les louanges des rois ; selon Kircher, des dogmes
cabalistiques, métaphysiques et théosophiques ; selon Pluche, de la mé-
téorologie, de l'astronomie ; selon Denon, les lois du labourage ; selon
l'auteur de l'*Étude des Hiéroglyphes*, une version des psaumes de

M. Seyffarth ne fait réellement que répéter les doctrines de SPOHN ; il reconnoît avec candeur les obliga-
tions qu'il a envers l'auteur savant de l'ouvrage *De Linguâ
et Litt. vet. Ægypt.*, non-seulement pour la théorie
qu'il expose, mais aussi pour une partie des développemens dont elle est accompagnée. [1]

Nous rendons pleine justice à la franchise de cet
aveu, et à la méthode avec laquelle M. Seyffarth expose les
opinions de son guide. Nous sommes de plus persuadés
que les belles planches lithographiques qui sont jointes à
son ouvrage, seront parcourues avec plaisir par tous ceux
qu'intéresse la littérature égyptienne. Mais ici se terminent nos éloges. La théorie imaginée par *Spohn*, et
développée par M. *Seyffarth*, repose sur une supposition
fausse, entraîne avec elle de grossières absurdités, et ne
peut conduire à aucun résultat. Donnons la preuve de ce
que nous venons d'avancer.

Voici les principes fondamentaux de cette théorie :

David ; selon Spohn, Dieu sait quoi ! Il étoit temps d'abandonner cette
étude comme fantastique ou de la soumettre à une analyse exacte et aux
règles du sens commun.

1 « Quod sibi videtur hic libellus rationem tradere qua hieroglyphica
» scripta legenda sint ; id cujus nomini adscribi debeat, tacere, maxime
» impium et invidiosum esset. Scilicet SPOHNIUS, vir immortalis meriti,
» omnia praeparavit, quae ducunt ad intelligentiam etiam hieroglyphi-
» corum. Quodsi concessum ei fuisset, pergere in via, quam ingressus
» erat, plura Aegyptiorum scripta inspicere, perlegere, inter se compa-
» rare, quod mihi contigit ; non potuisset, sed debuisset leges etiam in-
» venire, quibus hieroglyphica scriptura constat. Quae quum ita sint,
» *velim hae schedae accipiantur*, *tanquam placita* SPOHNII, vel tanquam
» *fructus*, qui ex segete ejus prodierunt, quem instauratorem litterarum
» Aegyptiacarum veneramur. »

Dans une note de la section suivante, l'auteur dit : « *Porrò integras
» inscriptiones demoticas primus* (Spohnius) *interpretatus est.* » Mais il
ne fournit aucune preuve de cette assertion hasardée, et que nous démontrerons fausse. Le seul système d'interprétation claire et évidente
est celui qu'a découvert le Dr Young, et qu'a *développé et agrandi*
M. Champollion.

I. *La langue hiéroglyphique est un dialecte sacré.* [1]

II. *Les caractères hiéroglyphiques* ne sont pas des *lettres,* mais seulement des *symboles de lettres.* [2]

I. La première de ces assertions n'est étayée d'aucune espèce de preuve. [3] Notre auteur a oublié que le copte est l'ancien égyptien, écrit en caractères empruntés des Grecs, et en partie du démotique : et, quoiqu'il subsiste des restes des différens dialectes de ce langage, il est difficile de prononcer sur le plus ou le moins d'ancienneté de chacun d'eux. Les inscriptions hiéroglyphiques, écrites du temps de *Sésostris* [4], présentent le même langage que celles qui datent de l'âge bien postérieur d'Antonin. Ce fait ne présente rien de remarquable ni d'extraordinaire; le langage en Orient est resté immuable comme les lois et les usages.

II. Le second point sur lequel on essaie d'apuyer cette théorie, c'est que les caractères hiéroglyphiques ne sont pas des *lettres,* mais en sont uniquement les *symboles.* OEdipe lui-même n'auroit pas pu expliquer une semblable

---

1 Cette notion est fondée sur un passage de Manéthon, cité par le Syncelle. Μανεθὼ .... ἐκ τῶν ἐν τῇ Σηριαδικῇ γῇ κειμένων ςηλῶν, ἱερᾷ, φησὶ, διαλέκτῳ καὶ ἱερογραφικοῖς γράμμασι κεχαρακτηρισμένων ὑπὸ Θὼθ, τοῦ πρώτου Ἑρμοῦ, καὶ ἑρμηνευθεισῶν μετὰ τὸν κατακλυσμὸν ἐκ τῆς ἱερᾶς διαλέκτου εἰς τὴν Ἑλληνίδα φωνήν, κ. τ. λ.

2 Le véritable auteur de cette rêverie est Cosmas Indicopleustes, qui a écrit sur la géographie au sixième siècle, et qui rapporte gravement que Moïse apprit γράμματα ἱερογλυφικὰ, μᾶλλον δὲ σύμβολα γραμμάτων.

3 Le Dr Sickler, compatriote de M. Seyffarth, a écrit un livre pour prouver que le langage caché sous les hiéroglyphes est l'hébreu, ou au moins un composé des différens dialectes sémitiques.

4 « *E verbo* DIALECTI, quo linguam hieroglyphicam veteres insigni- » verunt satis clarum est, » dit notre auteur, « hanc neque convenisse » cum vulgari, neque diversam plane fuisse a Coptica. Differt autem » dialectus sacra a Coptica, partim *elementis* seu *verbis,* partim *legibus* » *grammaticis.* Inter dialectum autem sacram atque profanam veterem » Aegypti omnia intersunt, *quibus differt recentior oratio a veteri na-* » *tionis cujusque magis subinde artium et litterarum humanitate eru-* » *ditae.* »

énigme. Une lettre est un caractère ou un symbole destiné à représenter un son élémentaire, ou la combinaison
la plus simple de quelques uns de ces sons. Alors que
peut-on entendre par le *symbole* d'un *symbole même?*
Ne désespérons pourtant point. M. Seyffarth, plus obli-
geant que quelques uns de ses compatriotes, cherche à
se rendre intelligible : prêtons-nous à ses explications.
Voici quelle est sa doctrine, ou plutôt celle de Spohn,
sur les pas duquel il marche.

Il admet qu'en chaque pays, l'Égypte non exceptée, les
premiers essais en l'art d'écrire ont consisté en une imitation grossière des objets matériels ou physiques ; que la
difficulté et les inconvéniens attachés à cette pratique
décidèrent bientôt ceux qui s'en servoient à abréger leurs
dessins en présentant la partie pour le tout, par une
espèce de *synecdoche;* que cette tachygraphie pitto-
resque ne pouvant dépeindre les changemens de rela-
tions, les passions et les sentimens des êtres animés,
elle fut bientôt améliorée par des *symboles proprement*
dits, c'est-à-dire par des *signes* ou *caractères* employés
à représenter des idées dont la nature n'offre point de
modèles sensibles ; que, par la suite des temps, toute
trace de rapports entre le signe et la chose désignée dut
s'effacer, et que les caractères appliqués au langage usuel
ne représentèrent plus que des mots ou des portions de
mots, comme parmi les Chinois de nos jours ; et qu'enfin,
par un heureux hasard, ou l'habile combinaison d'un
génie supérieur, quelques uns de ces caractères furent
employés à représenter les sons primitifs de la langue
parlée, et qu'en d'autres termes, un alphabet fut inventé
et mis en usage. Mais il prétend que les Égyptiens pas-
sèrent à travers ces périodes différentes, avant qu'il leur
vînt dans l'esprit de construire ces caractères mystiques
dont l'explication a éludé la sagacité des savans de tant
de siècles; et que, chez ce peuple, les signes alphabé-

tiques, au lieu d'être le produit de l'écriture figurative, soit dans sa forme première ou abrégée, l'ont effectivement engendrée ; du moins quant à ce qui concerne les hiéroglyphes.

Si l'on en croit Spohn et son commentateur, ce fut des *Phéniciens*[1] que les Égyptiens, aussi bien que les Grecs, reçurent leur alphabet ; mais il faut avouer qu'ils firent un singulier usage de cet inappréciable don. Au lieu de travailler à simplifier, à perfectionner une telle invention, ils firent précisément le contraire, ils se mirent à surcharger, à varier, à multiplier ces caractères élémentaires au gré de leur imagination et de leurs caprices. « Licuit cuivis calamo, cuivis cestro, variare hieroglyphica », dit M. Seyffarth ; mais il ne nous explique point comment ces variations fantastiques purent être intelligibles pour d'autres que pour leurs auteurs. Les trois espèces d'hiéroglyphes, aujourd'hui parfaitement distinctes, seroient cependant le résultat de ces bizarres opérations. *Clément d'Alexandrie* nous dit que les Égyptiens apprenaient à lire trois sortes d'écritures, l'*épistolographique* ou *démotique*, l'*hiératique*, et enfin l'*hiéroglyphique*. Voilà que Spohn et son disciple affirment que l'ordre de cet enseignement étoit aussi l'ordre de l'invention ; et en conséquence ils donnent pour certain que le démotique fut la base sur laquelle se construisit l'édifice tout entier ; en d'autres mots, que l'hiératique est né des mutations du démotique, et l'hiéroglyphique de celles de l'hiératique : et ces mutations ne sont pas des lettres, mais σύμβολα γραμμάτων, des *symboles de lettres*. Selon l'assertion de cet écrivain, les signes de l'alphabet primitif étoient au nombre de *vingt-*

---

[1] L'auteur ne nous en fournit aucune preuve, il se contente de citer Zoega, qui, malheureusement pour lui, cherche à démontrer que c'est aux Égyptiens que l'on doit l'invention des lettres. *Voy*. De Obelise., p. 475.

cinq. Supposons avec lui que chacun de ces signes subît
trente changemens pour obtenir la somme totale des caractères démotiques ; admettons le même nombre de méta-
morphoses pour former l'hiératique, et un nombre pareil
encore pour l'hiéroglyphique. Alors, par un calcul mo-
déré, nous aurons vingt-cinq multipliés par trente ; plus,
multipliés deux fois encore par trente, ce qui nous don-
nera *six cent soixante-quinze mille* symboles de lettres,
autrement *vingt-sept mille variations de chacun des
vingt-cinq caractères primitifs !* Tel est le calcul de
l'auteur lui-même, et personne ne pourroit démontrer
mieux que lui l'extravagance du système qu'il oppose à
MM. Young et Champollion.

Bruce (*Voyages,* vol. I, p. 135), *Zoega* (*de Orig. et
usu Ob.*, p. 457), et M. *Champollion* (*Précis*, p. 267,
268) ont donné des calculs approximatifs du nombre
des hiéroglyphes. Bruce, d'après une inspection superfi-
cielle des temples et des édifices de l'Égypte, les borne à
cinq cent quatorze. Zoega, qui avoit examiné avec attention les obélisques de Rome, et d'autres monumens conservés en Italie, les porte à *neuf cent cinquante-huit.*
M. Champollion, qui a soigneusement analysé toutes les
inscriptions copiées dans la *Description de l'Égypte* et
dans d'autres ouvrages, les réduit à *huit cent soixante-
quatre.* En prenant le moyen terme des deux derniers
recensemens, qui est *neuf cent onze,* nous approcherons
peut-être davantage de la vérité. Si, à ce nombre, nous
ajoutons les caractères hiératiques connus, et qui sont
immédiatement dérivés des hiéroglyphiques, et les démotiques connus et dérivés des hiératiques, nous trouverons
que la somme totale des signes employés dans les trois
écritures égyptiennes, monte à peine à *douze cents.* Ce
nombre est bien modeste, si on le compare à cette affluence
de symboles de lettres qu'exige la théorie de Spohn et de
M. Seyffarth.

Le disciple de Spohn, après avoir exposé les principes généraux de sa théorie, entreprend une classification des hiéroglyphes, et il les divise en *emphoniques, symphoniques,* et *aphoniques.* Les *emphoniques* sont ceux qui, « suo ambitu integram litteram hieraticam plūresve des- » cribunt ; » et qui « sistuntur pro situ literarum in iis » latentium et ratione rerum, quas significant. » Ils sont susceptibles d'être transposés, variés et abrégés ; on peut les modifier par une écriture tronquée ou amplifiée, par le changement des voyelles ou consonnes, et par les conjonctions. Les *symphoniques* sont ceux « quæ non » nisi cum aliis, sive singulis, sive pluribus, elementa » verborum vel literas exprimunt » , c'est-à-dire une espèce de symboles littérale et enclitique, qui ne devient significative que par sa combinaison avec les emphoniques. Ils sont d'origine hiératique, mais ils se rencontrent plus fréquemment dans les caractères hiéroglyphiques que dans les hiératiques : on les modifie par la permutation, la position, l'arrangement, l'accouplement, la suppression et la séparation. Les *aphoniques*, « diversa » sunt a literis, magisque ad picturam quàm scribendi » artem referri debent » ; c'est-à-dire, ils représentent directement ou par métaphore, non des *lettres,* mais des *idées ;* ils sont en conséquence divisés en *mimiques,* « ipsæ rerum imagines » , *tropiques,* « quæ imagine » aliena rerum notiones exprimunt » , et *allégoriques,* » quæ alia, quam quæ proxime significentur, innuunt. » A cela se bornent tous les éclaircissemens que le professeur de Leipsig a su ajouter à un système qui, suivant lui, avoit mis Spohn à même d'expliquer en entier des inscriptions démotiques , et à produire des merveilles dans cette mystérieuse région.

Quant aux planches dont l'ouvrage est accompagné, nous avouons franchement que nous ne comprenons rien au principe qui a présidé à leur exécution ; nous n'y avons

aperçu que trouble et que désordre. Les hiéroglyphes
sont jetés pêle-mêle sans aucune correspondance relative,
et cette vague distribution fait peu d'honneur, puisqu'il
faut le dire, à l'intelligence du professeur de Leipsig. Il
est vrai qu'il y a joint quelques explications ; mais malgré
un certain étalage de lettres chaldéennes, ces explications
ne sont passables que lorsqu'elles sont empruntées de
M. Champollion. Citons un seul exemple. M. Champollion
traduit de la manière suivante un texte hiéroglyphique :
« Soutien de l'Égypte, dieu fils d'un dieu, soutien de
» l'Égypte, Horus, manifesté ou engendré par Osiris, en-
» gendré d'Isis déesse. » Cette interprétation, qui porte
avec elle tous les caractères de l'évidence, a produit, sous
la plume de M. Seyffarth, les paroles suivantes : « Venias
» age Isis ! venias age, Ægyptiorum generator in Ægyp-
» tum *deus*, » ou bien « Venias age, Isis, venias age,
» Ægypti generator Ægyptum generator. » On ne peut voir
là qu'une mauvaise parodie de la version de M. Champollion, et de plus, l'absurdité de donner à *Isis* le nom de
dieu. M. Seyffarth conclut que le système phonétique de
MM. Young et Champollion ne peut être vrai, parce que,
en épelant des noms propres, ils omettent tantôt l'une,
tantôt l'autre, des voyelles. Le savant professeur oublie
que cela se pratique presque dans toutes les langues de la
souche sémitique. Il oublie en même temps que, d'après
son propre système, deux personnes n'écrivoient rarement
le même mot de la même manière et avec les *mêmes caractères*.

Passons à présent à la lettre du docteur Young au Comte
Pollon ; elle nous fournira de nouvelles preuves en faveur
de l'évidence de sa découverte ; mais commençons par
quelques détails historiques nécessaires pour nous faire
mieux comprendre.

L'an 1820 ou 1821, *M. Casati* se rendit à Paris, portant
avec lui quelques fragmens de manuscrits égyptiens,

parmi lesquels M. *Champollion* en découvrit un qui ressembloit beaucoup par son contenu au texte enchorique de la pierre de Rosette. Comme c'étoit la première fois que l'on trouvoit sur les manuscrits, et les inscriptions examinées, quelques caractères intelligibles de forme enchorique, l'observation de M. Champollion excita un vif intérêt. Le docteur Young se procura une copie de ce papyrus intéressant, et s'occupa bien vite à le déchiffrer avec son zèle accoutumé. Mais tandis qu'il étoit à ce travail, où, livré à ses seules forces, il avoit déjà beaucoup avancé, arriva *George Francis Grey*, qui rapportoit de ses voyages en Orient de précieux papyrus qu'il avoit achetés d'un Arabe à Thèbes, en 1820. Heureusement pour la cause de la littérature égyptienne, M. Grey plaça aussitôt entre les mains du docteur Young ces manuscrits, recommandant à son attention spéciale deux morceaux parfaitement conservés, et portant des caractères grecs écrits d'une main très-lisible. En les examinant de plus près, on trouva que l'un d'eux, « l'antigraphe d'un acte égyptien, » étoit totalement en grec, et que, dans trois autres de la même espèce, les noms propres étoient en grec, et l'acte même en caractères enchoriques.

M. Young examina le manuscrit qui ne contenoit que du grec, et il ne fut pas médiocrement satisfait quand il découvrit que c'étoit une traduction du papyrus enchorique de M. Casati. « Je crus rêver, dit-il, quand j'observai » parmi les noms des témoins ANTIMACHUS, ANTIGENES, et » quelques lignes au-dessous : *Portis Apollonii*........ Je » trouvai que le commencement étoit la copie d'un écrit » égyptien ; je vérifiai qu'il y avoit le même nombre de » noms relatés dans les signatures grecques et égyptiennes » dont j'avois constaté l'identité, et que le nombre dans » chacun des deux idiomes étoit de seize. Le dernier pa- » ragraphe du grec commençoit aussi par ces mots : *Copie* » *de l'acte, etc.* Je ne pus m'empêcher d'en conclure qu'un

» hasard extraordinaire avoit placé entre mes mains un
» document dont l'existence d'abord étoit singulière, et
» dont la conservation pendant deux mille ans ne l'étoit
» pas moins. Ces combinaisons réunies m'auroient, dans
» d'autres temps, fait passer pour un sorcier égyptien. »
La traduction de l'antigraphe grecque de Casati et des trois
actes de M. Grey se trouvent dans les *Discoveries in
Hierogl. lit.* pp. 69—83.

Il nous reste à parler d'un événement plus étonnant
encore qui se lie à la renaissance de la littérature égyptienne. Outre l'antigraphe grecque, qui a rapport à la
vente d'un certain nombre de momies, la collection de
M. Grey contient un second papyrus d'une bien plus grande
dimension, sur lequel sont écrits les trois actes égyptiens
ci-dessus mentionnés avec des titres sur la marge tracés
en caractères grecs fort lisibles. Dans l'espoir de faire de
nouveaux progrès dans la connoissance de l'égyptien, le
docteur Young avoit repris l'examen de ces contrats en
caractères enchoriques, et, entre autres choses, il observa
la concordance des nombres dans les titres et dans le texte
égyptien. Mais tandis qu'il se livroit à cette occupation,
parut la traduction faite par M. *Peyron* ¹ d'un papyrus de
la bibliothèque de Turin, qui se trouva être le rapport
d'un procès où il est fait mention des trois actes ou contrats distincts. Voici un extrait de la lettre du docteur
Young, relatif à ce précieux et singulier document.

« L'acte commence par cette date : Dans l'année LIV, le
» vingt-deux d'Athir, à Diospolis. Par-devant Héraclides,
» un des capitaines de la garde, commandant du Nome
» Périthébaïque, officier en chef des douanes ; en présence
» aussi de Palemo, capitaine de la garde ; d'Héraclides de

---

¹ M. *Amédée Peyron* est professeur de langues orientales à Turin ; il
est connu des jurisconsultes comme éditeur habile des fragmens du Code
de Théodose, d'après un manuscrit tiré de la bibliothèque royale de
Turin. 4°. 1824.

» même rang, et Gymnasiarque; d'Apollonius, fils d'Apol-
» lonius, et d'Hermogènes, comme ses amis; de Pancrates,
» lieutenant; de Comanus, général, fils d'Ammonius
» colon, et de plusieurs autres.

» A comparu Hermias, fils de Ptolémée, du Nome Om-
» bitique, comme plaignant contre les *Cholchytes*[1] du lieu,
» Horus, et Psenchonsis, et Chonapres, et leur famille. »

» Un Mémoire a été lu, adressé à Hermias, stratége ou
» commandant en chef et gouverneur du Nome; dans lequel
» le plaignant Hermias accuse les *Cholchytes*, et mentionne
» un premier Mémoire adressé à Démétrius l'Épistratége
» ou haut commandant, l'année précédente, et qui a été
» renvoyé par Hermias le stratége au jugement d'Héra-
» clides. La cause ayant été plaidée par Philoclès pour
» Hermias, et par Dinon pour les *Cholchytes*, Héraclides
» résume les dépositions, discute les argumens présentés
» de part et d'autre, et donne gain de cause aux défen-
» deurs. »

La prétention d'Hermias paroît avoir été fondée sur un
droit de propriété, concédé par une Lobais ou Lubais, l'un
des vendeurs d'une maison qui, selon son aveu, ne lui
appartenoit à aucun titre. Il avoit soutenu dans son Mémoire que ses ancêtres avoient autrefois été propriétaires
à Diospolis; que les défendeurs, dont l'habitation ne s'é-
tendoit pas au-delà de Memnonia, résidence de leurs aïeux,
sachant qu'il avoit été forcé par des troubles de transporter
son domicile, s'étoient emparés de sa maison, qui étoit
située au sud-ouest de Diospolis, au nord du cours ou
parade qui conduisoit au canal de la grande déesse *Junon*,
et au midi de la voie qui conduisoit au temple de *Cérès*
dont les murs existoient encore; qu'après l'avoir réparée

---

1 Les *Cholchytes* tiroient leur nom « ab INVOLVENDO cadavere », d'après
M. Peyron. Le Dr Young conjecture que ce mot pourroit dériver de
DJOLH ou JOLH, qui veut dire, *revêtir*, *préparer*.

ils continuoient de l'occuper...... et que, non contens d'y demeurer, ils y avoient reçu des corps morts, sans penser aux peines qu'ils encouroient, à cause du voisinage des grandes déesses *Junon* et *Cérès*, qui seroient souillées autant par les cadavres que par ceux qui en étoient chargés.

Les *Cholchytes* répondoient à cela qu'Hermias avoit été déjà débouté d'une demande pareille; qu'ils avoient d'ailleurs été en possession de cette maison depuis plusieurs générations; en foi de quoi ils produisoient leurs titres traduits de l'égyptien en grec. *L'un* de ces titres étoit daté du mois de Pachon, le XXVIII de Philométor, où Teephibis, le père de Psenchonsis l'un des défendeurs, et de Chonopres, acheta d'Élacis, Lobais, Ibaeais, Senericus, Erieus, Senosorphibis, et Sisois, autrement appelé Erieus, (en tout, sept vendeurs) 7 1/2 oecopédiques ou coudées de maison de la partie méridionale de dix coudées de terre improductive qu'ils possédoient. Par le *second* acte, Asos, père des défendeurs Nechutes et Asos, et de Nechutes cadet et de leur sœur Nechuthis, ont acheté des mêmes personnes deux coudées et demie la même année et le même mois. Un *troisième* contrat de la XXXV du même Philométor et du mois de Mesore, atteste la vente d'une quatrième part de ladite maison de l'étendue de trois coudées un tiers à Pechites, père des autres, Panas, Patus, Pasemis, Arpchemis et Senamunis, par Ammonius et Zbentedis, à qui elle appartenoit. Les droits attachés à ces transactions avoient été acquittés, et les parties contractantes avoient joui paisiblement durant trente-sept années. On citoit aussi quelques passages d'un édit de faveur qui assuroit la possession de ceux qui auroient pour eux la prescription d'une longue jouissance, quand bien même leurs titres d'acquisition se seroient égarés ou perdus.

Dinon ajoutoit que, «puisque le père du plaignant avoit quitté Diospolis lors des troubles qui avoient eu lieu sous

Épiphanes, son départ datoit de quatre-vingt-huit ans avant le commencement du procès ; car si l'on joint les vingt-quatre ans sous Épiphanus aux trente-cinq sous Philométor, et aux vingt-neuf sous Évergètes, on a quatre-vingt-huit ans ; période trop longue pour pouvoir entamer une telle discussion; qu'Hermias n'avoit produit aucun document pour appuyer sa prétention, si ce n'est une sentence frauduleuse obtenue par sa collusion avec Lobais, qui n'avoit aucun intérêt à soutenir l'action ; que quant à l'idée de transporter les embaumeurs à Memnonia, elle étoit hors de la question, vu qu'Horus et ses collègues n'étoient point occupés d'embaumer mais de vêtir les morts; que, dans les fêtes populaires, ils étoient chargés de répandre du sable et de la cendre, et de joncher l'intérieur des temples d'*Ammon* et de *Junon ;* et que de plus, dans la procession annuelle qui conduisoit *Ammon* à Memnonia, ils avoient le privilége de conduire la cérémonie, d'y figurer comme *Cholchytes*, et de recevoir un honoraire en conséquence. »

Tel est, en abrégé, ce monument digne d'exciter la curiosité des savans. Sans entrer dans de plus longs détails, nous préviendrons le lecteur que, s'il veut recourir aux trois contrats de M. Grey dont le docteur Young a donné la traduction, il trouvera que ce sont les trois mêmes actes dont nous avons donné un aperçu. M. *Peyron* n'en a vérifié que deux : les acheteurs mentionnés dans le troisième se trouvent être Ammonius et *Psenamunis*, au lieu d'Ammonius et Zbendetis ou Zthenaëtis ; mais nous sommes de l'avis de M. Young, qui pense que Zbendetis ou Zthenaëtis avoient deux noms aussi bien que Sisois ou Spois, qui est aussi nommé Éricus, car la date des actes coïncide parfaitement, aussi bien que les noms et les mesures.

On croiroit que le temps des merveilles n'est point passé. Tandis que le docteur Young étudioit le papyrus enchorique de Casati, les premiers manuscrits grecs de M. Grey, l'autographe d'un contrat égyptien, arrivent comme par enchantement, et se trouvent être la *traduction* du premier. Et dernièrement, quand il s'étoit remis à l'examen des actes égyptiens de M. Grey, le procès-verbal d'une contestation qui avoit rapport à ces actes arrive à l'improviste de Turin, et confirme les explications du docteur ; on y trouve une exacte description des terrains relatés dans les trois contrats. On ne sauroit résister à l'évidence de tant de rapprochemens inopinés ; ils feront sûrement réfléchir le docteur Seyffarth, s'il continue ses veilles enchoriques ; et les maîtres ès-arts de Leipsig, trop empressés d'en rendre un compte favorable, qui fait peu d'honneur à leur discernement, examineront plus mûrement les ouvrages dont ils se chargent de donner l'analyse.

FIN.

ALPHABET PHONÉTIQUE.

Lettres Grecques	Caractères Démotiques	Hiéroglyphes Phonétiques.
A		
B		
Γ		
Δ		
E		
Z		
H		
Θ		
I		
K		
Λ		
M		
N		
Ξ		
O		
Π		
P		
Σ		
T		
Υ		
Φ		
h Latin		
X		
ΣΧ		
Ω		
TO TΩ		

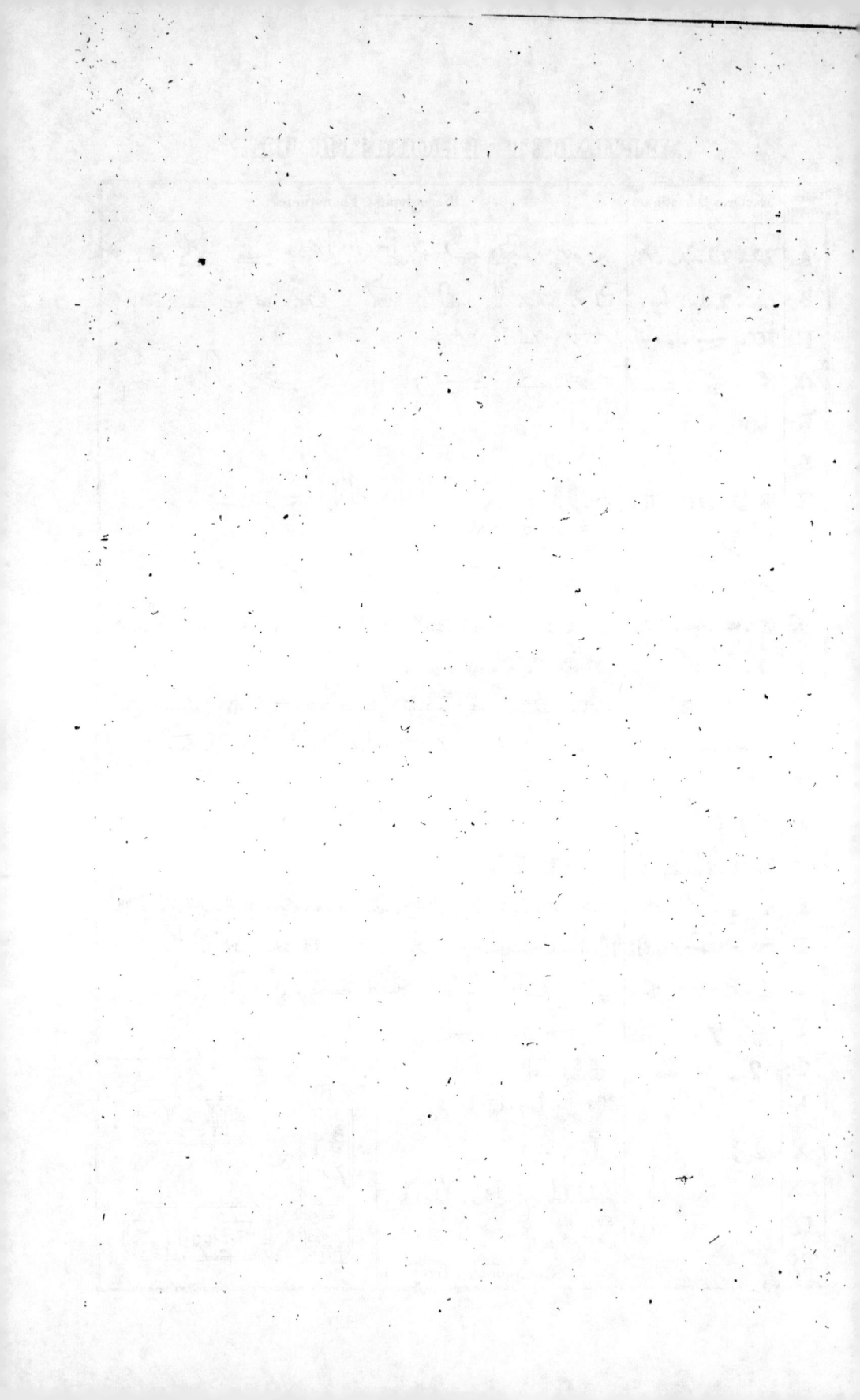

LETTRES SUR L'HISTOIRE DE FRANCE, par Aug. Thierry, auteur de l'Histoire de la Conquête de l'Angleterre. 1 vol. in-8°.

Prix : fr. 7 50

L'objet de cet ouvrage est de soumettre à un examen critique les Histoires de France les plus connues, et de relever les erreurs nombreuses qu'elles tendent à accréditer. L'auteur essaie de rendre leur véritable caractère aux époques de notre histoire défigurées par les récits modernes, et de poser des règles sûres pour éviter la fausseté de couleur qui est le propre de l'école historique du dix-septième et du dix-huitième siècles.

LES ÉTATS DE BLOIS, ou la Mort de MM. de Guise, scènes historiques (décembre 1588), par l'auteur des *Barricades*. *Deuxième édition.*   7 50

LES BARRICADES, scènes historiques (mai 1588). Un vol. in-8° *Troisième édition*, revue et augmentée.   6 »

ANCELOT, six mois en Russie. Lettres écrites en 1826, à l'époque du Couronnement de S. M. l'empereur. 1 vol. in-8°.
          7 50

ATLAS DES ROUTES DE FRANCE, ou Guide des voyageurs dans toutes les parties du royaume, dressé par A. M. Perrot, membre de plusieurs sociétés savantes. Un volume in-12., cartonné.   13 »

HISTOIRE DE NAPOLÉON BONAPARTE, de sa vie privée et publique, de sa carrière politique et militaire, de son administration et de son gouvernement, par l'auteur des *Mémoires sur le Consulat*. Ire livraison, 2 vol.   14 »

MÉMOIRES SUR LA CONVENTION ET LE DIRECTOIRE, par A.-C. Thibaudeau. 2 vol. in-8°.   12 »

MÉMOIRES SUR LE CONSULAT, 1799 à 1804, par un ancien conseiller d'État, pour faire suite aux *Mémoires de Thibaudeau*. 1 vol. in-8°.   7 »

PARIS. — LE NORMANT FILS, IMPRIMEUR DU ROI.